＼成果を出す／

広報企画のつくり方

片岡英彦 著

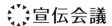

宣伝会議

はじめに

　この本は、広報企画を立案する際に必要な視点を整理しています。「広報を任されたものの、何から始めたらいいのか分からない」「新たな施策に取り組みたいが、実現に向けどのように企画をまとめればいいのか」とお悩みの方に向け、広報の戦略を立て企画を実現するためのポイントを伝授します。

　そもそも「広報って企画できるものなの?」と思われた方もいるかもしれません。古くから広報活動は「マスメディアに自社に関する良い情報を取り上げてもらい多くの人に伝えること」を業務の中核としてきました。「フリーパブリシティの獲得（客観記事）こそ価値がある」「記事は掲載していただくものでコントロールできない」という考えがそのベースにあります。

　しかし、近年はコミュニケーション活動に大きな変化が起きています。SNSやオウンドメディアを活用することが一般的となり、「広報」「マーケティング（広告）」のどちらの部門にも属するようなコミュニケーションが戦略的に実施されるようになりました。その結果、広報活動では、より柔軟な発想が期待されています。売上への貢献をはじめとした、経営・マーケティング課題を解決する施策が求められ、目標設定と効果検証の重要性も問われるようになりました。

　コントロールができないフリーパブリシティも熟知しながら、一方で、自社のメディアやオンラインプラットフォームも巧妙に活用し、多角的なコミュニケーション戦略を展開する。このようなアプローチを「マーケティング思考での広報活動」と私は呼んでいます。この観点を持つことで、確約のないフリーパブリシティにおいても、「最低限のメディア露出は確保できないか」「パブリシティの素材を強化する手段はないか」といった具体的な企画・提案が可能になります。また、経営陣や他の部

署から広報活動への理解と支持を得るため、計画と検証のサイクルを定期的に回し、それが習慣化するようになります。

図　マーケティング思考の広報

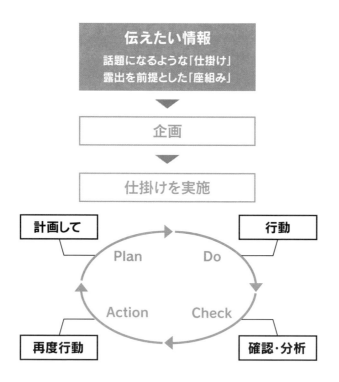

「掲載に至らない場合はしょうがない」という考えは、広報部門の結果へのコミットメントが薄いとされ、思考停止の象徴とも言えます。また「メディア受けしないものを広報しろと言われても困る」といった発言は、他部署から見れば広報部門が疎遠に感じられる要因ともなり得ます。これらの思考停止を乗り越え、発想の転換が必要です。この本では、そういった障壁を越えるマーケティング思考で広報企画を効果的に立案するためのポイントを、皆さんに詳しくお伝えします。

　私自身は、日本テレビ、アップル、日本マクドナルドなどで、メディア、広報、マーケティングの各分野での経験を有しています。現在は、売上数兆円規模の大企業の中期経営計画から、創業間もないベンチャー企業の販促企画に至るまで多様な企業と学生に対して企画構想の教育と支援を提供しています。年間では500本以上の提案書に関与し、その範囲は企画書作成から公共事業の審査にも及びます。

　これらの経験と知見をもとに、広報の専門誌『広報会議』で「企画書のつくり方入門」という連載を持っています。本書では、連載の中でも特に広報担当者からの悩みを聞くことの多い広報活動に絞り、章ごとに企画の立て方についてまとめています。

　第1章では、メディア露出を増やし認知を拡大したい、広報担当者の皆さんに向け、パブリシティの中でも特に反響が大きい「テレビ」で取り上げてもらうための企画のコツをお伝えします。

　第2章は「動画」を活用した広報企画について。昨今、広報業務においては「社内にすでにある情報」をメディアに発信するだけでなく、自社サイトや公式SNSアカウントなどの「オウンドメディア」を活用しながら、生活者に直接届けるコンテンツを制作することも求められるようになってきました。

　第3章では、「広報活動の基本」が詰まった「商品広報」についてです。他社商品と差別化が難しい時、市場が飽和している時の考え方や、目標や効果を言語化し社内で共有しやすくするための企画書の要素を整理しています。

　第4章は、特にBtoB企業の広報担当者から相談が増えている「企業広報」の企画の立て方についてです。課題設定の仕方から、効果測定の方法、予算・体制の考え方を解説します。

　第5章は「パブリシティ活動の目標設定と効果測定」。広報活動は数値による評価がされにくいのが欠点だと、長らく言われてきました。「広告換算」という指標を取り入れている方もいるかもしれませんが、そこ

で測れるものには限界もあります。メディア露出した後、どのような変化を起こそうとしているのか、目標設定や指標について考えていきます。

第6章は「パートナーシップ広報」。共創を意識したコミュニケーション活動についてです。異業種と組みながら、共通する社会課題を解決していく広報活動においては、社会的意義が明確な広報ストーリーが必要です。こうした企画における考え方から、共同でプレスリリースを配信する際の注意点にも触れていきます。

第7章は著名人やインフルエンサーを活用した「口コミ創出」の企画です。著名人起用において陥りがちな失敗点や、準備、段取りについても詳しく解説します。

第8章は、「周年事業の企画」。何らかの形で周年の事業をやらなければならないけれど、何をどうしたらよいか分からない、という広報担当者に向け、企画立案のポイントをまとめています。

第9章は、「インターナルコミュニケーション」の企画について。広報担当者が企画を進めていくにあたって覚えておきたい社内調整のコツや、全社戦略と紐づけて立案していくステップ、社内の「分断」を解決していくための企画について記しています。

そして第10章は、高広伯彦さんと本田哲也さんとの鼎談を収録しています。高広さんはデジタル領域のマーケティングのプロであり研究者、そして本田さんは社会的な文脈を企業コミュニケーションによって創造する広報のプロですが、私たち3人は、「人の心は物語で動く」と考えている点では共通しています。企業コミュニケーションのこれからや、広報企画を考える上で欠かせない視点について語り合いました。

この本では、広報経験が浅い人でも企画がつくれ、成果を具体的に示せるようになる内容を目指しました。コミュニケーションを活性化する、多くの広報企画が生まれる一助となれば幸いです。

2023年12月

片岡英彦

成果を出す 広報企画のつくり方 　目次

メディア露出を増やして
認知を広げたい!

第1章

テレビのディレクターに「取材したい」と思われる企画

📝 テレビが「取り上げない」ネタ、「取り上げる」ネタ

　企業の広報アドバイザーを担当していて、最もよく聞かれる質問。それが「どうやったらテレビで取り上げてもらえますか?」というものだ。テレビが取り上げるネタは、番組やコーナーごとに、いくつもある。一概に「このネタなら必ず取り上げられる」とは言えない。しかし「取り上げにくいネタ」というのはある。テレビの場合、はっきりしていて分かりやすい。簡単に言うと「視聴率をとれなそうなもの」だ。具体的には「社会性(ストーリー性)がない」「画にならない」「旬でない」。裏を返せば「社会性(ストーリー性)」「映像映え」「旬な話題」があるなら最低限のハードルは突破する。

　ところが、これだけを満たせば十分かというとそうでもない。あくまでテレビで扱う題材として最低限クリアすべき条件にすぎず、他にもクリアしたい問題がある。それが「取材に手間ヒマがかからない」「取材者(ディレクター)の視点を持つ」「コミュニケーション・コストが低い」である。これらのポイントについて、広報企画書に落とし込めるように考えていきたい。

視点1　社会性(ストーリー性)がある企画

いきなり商品の長所を伝えない

　テレビで「企業の宣伝」を行うのはCM枠だ。「インフォマーシャル」という長尺の広告枠もあるが、報道や情報番組、あるいはバラエティー番組内では原則、企業の「宣伝」を(喜んでは)行わないことになっている。この前提を頭に入れた上で、番組ディレクターらに自社商品などの企業関連情報を持ち込む際には、いきなり自社商品の機能や長所を伝

えるのではなく、自分たちの持ち込む情報が「社会的な意味（ストーリー性）」があることを、しっかりと示してアピールしたい。

コツ1 → 社会課題を解決するか

　テレビディレクターが"ネタ"を採用するかしないかを決める時に最優先するのは、「オンエアする意味」（社会性/ストーリー性）があるかないかだ。社会課題の解決と関連づけた情報は、扱いやすい。

✕ 自社のこんな便利なアプリで仕事が楽になる。新機能を紹介したい	➡ ○ 今「働き方改革」が話題となっている。このアプリを活用すれば無駄な残業をなくすことができる
✕ 学生が地元で行ったイベントに多くの地元住民が参加した	➡ ○ 高齢化が進む中、若者らが地元の高齢者との交流を図ろうとイベントを実施した

コツ2 → ちょっと役立つ（お得な／不便解消）情報があるか

　企業に関する情報をテレビが扱う場合、その多くはいわゆる「情報番組」になる。情報番組は時間帯にもよるが、子どもを含む幅広い視聴者を対象としている。あまり"理屈っぽい"内容は好まれない。ちょっと役立つ（お得な/不便解消）情報として落とし込むことが望ましい。

✕ 小銭を自動集計するメカニズム	➡ ○ 小銭を貯めて旅行に行ける"ちょっとお得な"貯金箱
✕ 高齢者のためのZoom講習会	➡ ○ 離れて暮らす孫と一緒に楽しむ"ちょっと便利な"リモート活用術

コツ3 → 対象者の数が多いか

　特にゴールデンタイムの番組では、対象者が少ないネタより、多くの人が対象となるネタの方が好まれる。例えば、同じ「温める」技術を紹介するにしても、熱燗を温めるより、鍋料理を温める、とした方が対象者は広がる。「切り口（視点）」の違いが重要になる。

✕	レストラン経営者が店舗独自のクーポンを発行して販促ができるスマホアプリ	➡ ◯ 誰でも簡単に行きたいレストランのオリジナルクーポンをもらえるアプリ
✕	日本酒（熱燗）の徳利がいつまでも冷めない技術を自社開発	➡ ◯ 鍋料理がいつまでも冷めない仕組みを開発

コツ4 ➜ "1位"のもの、"初めて"のものはあるか

テレビで紹介できる時間は限られる。短い言葉で的確に「強み」「特徴」を伝える上で「全国1位」「日本初」という言葉は、説得力があるフレーズとして役立つ。カテゴリーを狭めることで「一番（初めて）」を目指したい。客観的な裏付けも忘れずに。

✕	ご当地グルメ・ランキングで"全国7位"のラーメンを商品化しました	➡ ◯ ご当地グルメ・ランキングで"全国1位"の"塩ラーメン"を商品化しました
✕	"全国で10番目"にできたグランピング・スポットです	➡ ◯ 駅から徒歩圏内にある"日本初"のグランピング・スポットです

コツ5 ➜ 対立するもの（比較）はあるか

"因縁の対決""伝統の一戦""永遠のライバル""新旧の対決"など、良い意味での「ライバル感」を煽り「対立軸」を打ち出すと、テレビディレクターはテレビ向けの話題として扱いやすくなる。後追い（フォロワー）の戦略として有効。

✕	地元農家が〇〇の特産化にチャレンジしている	➡ ◯ 本場〇〇県の〇〇に対抗して、地元農家が〇〇の特産化にチャレンジしている
✕	最高級の〇〇を製造開始	➡ ◯ 外国製の廉価版〇〇の輸入攻勢に対し、最高級の〇〇を国内向けに製造開始

コツ6 ➜ 意外性はあるか

テレビは「当たり前」を嫌う。あえて「フック」（引っかかり）となるようなツッコミどころを用意する。

✕ 地元で人気のラーメン店 ➡○ 地元の"パティシエ"が推薦する ラーメン店

✕ 大阪人が愛する"お好み焼き" ➡○ 大阪人も愛する"広島風"お好み 焼き

コツ7 ➔ シンプルな内容か

　テレビにおいて「複雑な事情」「使用条件」は、ビジネスニュースを除いて扱いにくい。例えば、iPhoneユーザーのための新サービスの場合、「Androidユーザーは使えない」ということになり、伝える内容が複雑になる。

✕ 様々な機能をアプリで追加・設定・操作できる空気清浄機 ➡○ 音声ガイダンスでいつでもどこでも快適環境を提供する空気清浄機

視点2　映像映えする企画

テレビならではのコツを押さえる

　「社会性（ストーリー性）」と並んで、テレビディレクターが重視するのは「映像映え（画がおいしい）」するかどうかだ。「映像映え」するコンテンツについては、テレビならではの"コツ"が必要となる。

コツ8 ➔ 映像でしか伝わらないネタか

　旅館を例に考えてみよう。「観光地との距離の近さ」は、道のりをレポーターが歩いて紹介しなければ、「画」にはならない。「部屋からの眺めの良さ」は、宿泊客にはメリットがあるが、テレビ視聴者の多くは、この宿に宿泊するわけではないので、あまり関係ない。一方、テレビディレクターの視点で興味を持つのは、旅館ならではの「おもてなし」。ただし、単なる割引や優先予約ではなく、可視化されることが前提になる。

- ✕ ○○までわずか1キロの好立地の旅館
- △ 部屋から○○が一望できる絶景の旅館
- ◯ ある"おもてなし"に年間1万人が泊まる宿

　また「売れている」という現象も、「予約殺到」では映像として映えない。テレビで撮影するという視点からは「30分で売り切れた」、「長い行列」と可視化された方が報道しやすい。

- ✕ 発売1カ月前から「予約殺到」する人気の福袋
- △ 発売開始後「30分で売り切れる」人気の福袋
- ◯ 発売開始3時間前から「長い行列」ができる人気の福袋

コツ9 → 大きいもの、動くもの、色鮮やかなものがあるか

　分かりやすく映像映えするのが、大きいもの、動くもの、色鮮やかなもの。これらが企画に盛り込めるか、見直しておきたい。

✕ イベントでは500人分の焼きそばがつくられ来場者に振る舞われた	➡◯ イベントでは直径2メートルの鉄板で500人分の焼きそばがつくられ振る舞われた
✕ 舞台初日を前に、出演者らによる記者会見が行われた	➡◯ 舞台初日を前に、記者会見の当日に公開リハーサルが行われた
△ 書道・俳句・短歌展（テレビ向きかという視点で）	➡◯ 動物・フラワーフェスティバル

コツ10 → レポーターがその場でトライ（試食など）できるものか

　レポーターが体験できる仕組みを用意しておくことが望ましい。

✕ 新メニューのお披露目が行われ、商品開発担当者が説明をした	➡◯ 新メニューの「試食会」が行われ、商品開発担当者が説明をした
✕ 新車両の展示と撮影	➡◯ 新車両の試乗体験

コツ11 → 子ども、学生、お年寄り、動物は登場するか

　良いか悪いかは別として、テレビでのパブリシティ枠の獲得のための"画づくり"には、子ども、学生、お年寄り、動物は、アイキャッチとなり有効だ。

❌ 料理学校がリモート料理教室を開講　　➡⭕ 料理学校が留学生を対象としたリモート料理教室を英語で開講

❌ 夏に向けて"プール開き"を実施　　➡⭕ 地元の"子どもたち"を招いてプール開きを実施

コツ12 → 異色のコラボがあるか

「異色のコラボ」は、そのコラボレーションの意外性も含めて、幅広い層からの興味と関心を得やすくテレビパブリシティ向きである。

❌ **類似コラボ**
高級万年筆ブランド×
高級ジュエリーブランド
▶高級ブランドを好む"一部の層"に"深く"ささる
=（意外性はなく）
テレビ向きではない

➡

⭕ **異色コラボ**
高級ファッションブランド×
ソーシャルゲームメーカー
▶高級ブランドに興味がある層と、ソーシャルゲームに興味のある層の「異なる2つのセグメント」に属する人々へと広く話題になる
=（意外性も含め）テレビ向き

コツ13 → 時間の変化、成長があるか

　時間の経過とともに変化するもの、成長（進化）するものを、短時間の映像で伝えることにテレビは向いている。情報提供するメーカー側が研究や実験過程で得た実証データなどを素材として提供することは有効だ。後から撮影・収録ができないもの、撮影に期間や時間を必要とするものは、記録用としてだけでなく広報用としても、事前に撮影しておくことが望ましい。

✗ 水洗いでは落ちにくかった汚れを落とす洗剤の新発売についてリリースを送る ➡ ◯	自社の洗剤を使うことで、水洗いでは落ちにくかった汚れが、時間とともにきれいに落ちていく、実験・研究を早回し映像で記録し番組に提供する
✗ 自社開発のロボットの機能刷新を発表 ➡ ◯	3年間にわたる、自社開発ロボットの研究開発の様子をこまめに映像として記録し、テレビ番組などで自社の技術開発力の成長をアピールする

コツ14 ➡「音」のあるものか

　意外と忘れがちなのが、映像に伴う "音" の役割だ。ラジオなどと違い、音がなければ成り立たないわけではないが、音（ノイズ音含め）が全くない素材は放送用として扱いにくい。また「コメント」という意味での "音" も重要だ。テレビにとって個別のコメント収録（音取り）ができるかどうかは、取材を決める際の決定要因にもなる。

◯ 新商品のお披露目会などで企業側だけでなく
　一般参加者のコメント（音）が取材できる
◯ タレントを起用した商品発表イベントで
　タレントの囲み（個別）取材ができる
◯ 決算発表の場で経営トップに単独取材（音）ができる

視点3　旬な情報のある企画

なぜ今その話題を取り上げるのか？

　テレビ番組では、ニュース報道かバラエティー番組かを問わず、常に "旬" の情報を求めている。テレビディレクターは「なぜ "今" その話題を番組で取り上げる必要があるのか?」を常に意識している。旬には大きく2つの意味がある。1つは「季節感」、もう1つが「時代性」だ。

コツ15 ➜ "今日"の放送に適した話題か

放送日に流す意味のある、旬な情報の方が扱いやすい。

✕ 子どもたちがプログラミングを学ぶ無料イベントを、IT企業が社会貢献として行う ➜ ○	「父の日」に父と子がプログラミングを学ぶ無料イベントを、IT企業が社会貢献として行う

コツ16 ➜ 「季節感」のある話題か

テレビパブリシティのためにリリースするなら、季節感のある話題とリンクできるベストタイミングを狙いたい。

✕ 子どもの貯金に関する調査結果をリリースする ➜ ○	お年玉のタイミングである、正月明けに、「子どもの貯金」に関する調査結果をリリースする

コツ17 ➜ 「今の時代」を表す話題か

コロナ禍で、リモート会議やテイクアウトが話題になったように、「今の時代」を表す話題を企画に盛り込む。

✕ 目元がぱっちり見える"メイク術" ➜ ○	リモート会議に最適な"メイク術"
✕ ポケットの多い多目的バッグ ➜ ○	テイクアウトに便利な多目的バッグ

視点4　ディレクターを手助けする

効率性を求めているディレクター

「社会性」「映像映え」「旬の情報」というのは、テレビが映像メディアであることから、比較的、誰からも理解されやすい。しかしテレビディレクターに「取材したい」と思ってもらうためのテクニックとして見落としがちなのは、ディレクターは効率性を求めている、という大前提だ。

とにかくテレビディレクターは忙しい。帯番組、生番組などの企画コーナーを担当するディレクターの場合、同時並行していくつもの取材を掛け持ちする。企業の担当者にとっては、テレビ取材は滅多にないことかもしれないが、ディレクターにとっては、毎週、毎日の生放送にあわせて取材をこなさなくてはならないのが悩みのタネだ。

コツ18 → 映像が"すでにある"ことをアピールできるか

テレビディレクターは自分たちのカメラで撮影を行うのが基本だ。従って、20分のコーナーであれば1回または多くて2回程度の限られた取材回数で1本のコーナー企画を完了させなくてはならない。

例えば、過去の記録映像や、撮影に何日もかかるような実験映像、他にも簡単にはテレビクルーが取材に行けない海外や遠方の工場や施設の映像は、事前に広報担当が収録して、映像を持っておくとディレクターの手間が省かれる。そのまま放送で使われなくても、映像を見せることでディレクターのイメージが固まり、他の画づくりに手間をかけることもできる。

コツ19 → 広報部門が代わりに撮影できるか

コロナ禍では、これまで当たり前だったテレビの取材スタイルが大きく変わり、テレビディレクターが広報担当者に対して、「こういうものを撮影してください」とリクエストが入ることもあった。スマートフォンで簡単に動画を撮れば済む場合もある。今後も、簡単に現場の映像を事前に撮影しておきディレクターに様子を見せるようなアプローチは増えてくるだろう。社内のセキュリティ上の配慮は当然だが、クイックに動画を撮影、編集し、必要に応じてメディアに転送する技術とリテラシーを身につけておくことが望ましい。

コツ20 → 番組やコーナーに沿った内容か

企業の広報担当者がテレビディレクターに持ち込む多くの場合、情報

はプレスリリースのままだ。プレスリリースをそのまま持ち込むことも、1つの公開情報という意味では悪くはないが、せっかく特定の番組やコーナーの担当者に持ち込むのであれば、放送内容を熟知し、具体的にどういう映像になるのかまで考えた提案をするとよい。

✗ 自分たちの取り上げてほしい商品、企業情報などのプレスリリースをテレビディレクターに送る ➡️◯	各局の番組コーナーを熟知した上で、このコーナー枠にはこの商品（情報）が相応しいと視聴者層を見極め、必要十分な関連情報、撮影できる（事前に用意できる）映像、コメント可能な担当者などをイメージする。場合によってはコーナー企画に沿った簡単な構成や画コンテ、取材スケジュールなども添える

コツ21 → 撮影スケジュールが読める

　テレビディレクターにとって最も困るのは、取材先の都合で思ったように撮影が進まない場合だ。天候上の理由や、店舗での一般客の対応など、事前に予期できる待ち時間やちょっとしたハプニングは一向に構わないが、全く予期せぬ事情で収録開始が遅れたり、最悪、当日の取材ができなくなったりしてしまうことは、絶対にないように心がけたい。

　このためディレクターは「不確定要素」が多いと予想される案件は最初から避ける傾向がある。広報担当者は事前に予期できないハプニングが起こらぬよう、撮影時のオペレーションに配慮したい。

✗ 広報担当者は取材に協力的でも、現場の責任者（特に開発者や研究者）、店舗の店長（FCオーナー）、実際取材をする社員があまり取材に協力的ではなさそうな印象の会社 ➡️◯	実際取材する社長や社員との調整役を広報担当者がしていて安心できる
✗ 社長インタビューの当日になって社長が"ドタキャン"しそうな"ワンマン"な雰囲気	

コツ22 → コミュニケーション・コストが少ない

　テレビディレクターに限らないが、同じ取材依頼を行っても、企業側のリアクションが速い企業と遅い企業に分かれる。"風通しの良さ"の違いとでもいうのだろうか。ディレクターは当然レスポンスが速い企業を取材先として好む。また色々な条件や交渉ごとが次から次に生じる企業と、条件が少なくスムーズに取材・撮影に応じる企業があれば当然、後者を選ぶ。

　企業側にも様々な事情があることは、ディレクターも承知だが、例えば急に起こった経済ニュースに対して自社へのインタビューが決まったとする。「取材目的」「想定質問」など事細かに文章で求めた上で「聞いてほしくないこと」などを事細かに指定してくる企業と、「何でも社長に聞いてください」とおおらかな企業とがあれば、後者の企業が取材先として選ばれる。広報対応としての是非はともかく、広報が社長取材を潰してしまうことになりかねない。テレビメディアは他の条件が同じならば「コミュニケーション・コスト」の低い広報対応の企業を選ぶのだ。

スポンサーと番組内容の関係性

　よく聞かれる質問として「番組スポンサーと、自社が持ち込むネタとの関係」がある。一概には言えないが、以下のように考えるとテレビ局側の事情も分かりやすい。

商品 に関連する情報
番組が一社提供やメインスポンサーの場合、競合する商品は基本的に番組内で取り上げられない。複数スポンサーの番組でも、競合する商品の社名、商品名、ロゴは放送されないことが多い

企業 に関連する情報
スポンサー企業と競合関係にある企業でも、番組内で直接競合しない商品やサービスに関する情報は取り上げられることがある。番組の内容によっては、競合する可能性のある情報も配慮されて取り上げられることがある

✕ 別の飲料メーカーの新商品を、飲料メーカーの提供番組で紹介する。
（狭義の競合）

▲ ファミレスでの顧客サービスを、ファストフード企業の提供番組で
紹介する。（「集客」では競合するが「販売商品」としては
競合していない＝広義の競合）

◎ 自転車関連の商品を、自動車メーカーの提供番組で紹介する。
（競合しない）

　このように、スポンサーと番組内容の関係性は、直接的な競合関係や広義の競合関係によって異なる取り扱いとなるものと理解される。スポンサーの意向や番組の方針によって、どのような情報が取り上げられるかが決まるため、これらのポイントを理解することが重要である。

テレビ露出を狙うその前に、「広報の全体戦略」を固めよう

　ここまで「どうやったらテレビで取り上げてもらえますか？」という問いへの答えを「企画書」にも応用できる形で述べてきた。だが、私は自分がテレビ局の出身でもあり、実はこの質問をされるとあまり良い予感がしない。というのは「企業ブランドをどう構築していくか」や「新商品をどうヒット商品に成長させるか」という、本来の「PR（Public Relations）」の中長期的な「戦略」の話に比べると、「テレビ番組にどうやって取り上げてもらうか」というのは、全体戦略の中のごく一部に当たる短期的な "テクニック" だからだ。

　第3章に詳細を記すが、本来は企業や商品ブランドのコミュニケーションのコンセプトなど全体戦略をまずは固め、次に「5W2H」（いつ、どこで、誰が、何を、なぜ、どう、どのくらい）など具体的な広報施策（戦術）を決める。その上で、各メディアに対して特定の商品、キャンペーン、プロジェクトをどう露出させるのか、広告や広報活動を連動させ、どのようにして認知を獲得するか、という話になる。

　こうした前段の話（広報戦略）をザクッとすっ飛ばして、ハナから「テクニック」を求められると、それなりに規模の大きな企業の場合などは、もう少し腰を据えてしっかり「戦略」を考えた方が……とアドバイスさ

せてもらうことがある。「せっかく力を入れている商品なのだから、も
っと戦術に落とし込んでからメディアアプローチを考えないと、仮にテ
レビで1回放送されても、企業ブランドが構築されるわけでも、商品が
大ヒットするわけでもないですよ」ということまで正直に話をして"念"
を押させてもらう。

　テレビは瞬間的に多くの人に企業や商品を知ってもらい、映像で伝え
ることができる強力な媒体だ。また放送の仕組み上、ネット上のターゲ
ティングやレコメンド機能とは関係なく、わざわざ"クリック"しても
らう必要もなく、番組の視聴者がチャンネルを変えない限り、半ば"強
制的"にコンテンツに触れてもらうことができる。こうした面での"パ
ワー"は未だテレビは最強だと考えている。それだけに、単に「テレビ
に取り上げてもらう」だけではなく、事前に他の広告メディアやオウン
ドメディアとの連動を図るなど、より効果的な施策が実行できるよう心
がけていきたい。

第2章

ユーザーが見たくなる
「動画」を広報に活用する企画

この章で分かること

☑ 動画を広報活動で使う目的を定める

☑ ターゲットに動画を届ける仕組み

☑ 動画のコンセプトづくりと制作の段取り

✍️ まずは気軽に始めよう！ ただし……

　動画を活用した広報活動についてアドバイスの依頼を受けることが増えてきた。しかし、動画の活用と聞くと、いわゆる「バズ動画」のようなコミュニケーション手法を連想する方が多いかもしれない。確かに"バズる動画"を制作して「社名の認知度を高めたい」「若年層に向けて"口コミ"で商品情報を拡散させたい」という相談を受けることもある。

　一方で、テレビCMをそのまま自社サイトで公開するだけで「動画」を活用していると自負する企業もある。また、採用情報やIR情報、CSRやSDGsへの取り組みなどを、数値やグラフを用いることで「しっかり説明したい」という企業もある。一口に「動画」の活用といっても企業によって、その思いは様々なのだ。

　考えてみれば、「動画」はコミュニケーションの"手法"のひとつにすぎない。「文章」「写真」「イラスト」「図表」を使って表現するのと基本は同じだ。昨今は"動画ブーム"といえるほどに注目され、企業が用いる手法としては比較的新しいものでもある。撮影、編集など制作におけるハードルも高い。広報担当者の中には苦手意識を持つ人もいる。

　私はテレビ局の番宣担当だったこともあり、番組宣伝の素材として動画を活用することが当たり前の環境でキャリアが始まった。そうしたこともあって、動画の活用について相談を受けると、まずはあまり考えすぎず、気軽に始めてみることをお勧めしている。それだけ導入のメリットは大きい。

　一方で、動画活用のメリットは"単に目立つ（認知度アップ）"だけではない。顧客や社会との長期間にわたるパイプ（関係性）づくりや、ブランドイメージを向上させるためのメッセージ配信など、様々な可能性を秘めている。

　そして、具体的にどうやって動画を活用した広報の企画をすればいいのか、という話になると、「戦略」「戦術」「クリエイティブ」の3つのフェーズに分けた企画書の作成をお勧めしている。

図1　動画を活用した広報活動3つのフェーズ

戦略フェーズ

自社のコミュニケーション戦略、マーケティング戦略全体の中で、動画を使う意味・目的を明確にする。

1. 動画でしか実現できないことは何か？（排他性）、動画で達成したいことは何か？（目的）
2. 動画の視聴前と視聴後で見た人の何が変わるのか？（効果／態度変容）
3. 具体的にどういう「数字」を達成するのか？（数値目標）

戦術フェーズ

単に制作して公開するだけでは、ターゲットに見てもらうことはできない。口コミの自然拡散は多少するかもしれないが確実ではない。目標を達成するにはターゲットに届くまでの"見てもらう"ための「仕組み」を企画する。

1. 広告
2. ネットPR（ネットニュース等）
3. SEO
4. SNS（自社アカウント）
5. ブックマーク（既存顧客、ステークホルダー等）

クリエイティブフェーズ

動画の具体的コンセプト、長さ、データ形式、制作スケジュール、制作予算、誰が動画を制作するのか（撮影/編集担当、制作会社）等の企画を行う。

1. 動画のコンセプトは？
2. 現実と動画イメージの乖離を防ぐには？
3. ベストな長さは？
4. 外部の制作会社に委託する内容は？

動画活用の目的は?(戦略フェーズ)

動画制作の目的はひとつに絞る

「動画制作=目的」ではない。動画を使って何を実現したいかが重要だ。企業が動画を制作する目的には**図2**のようなものが考えられる。「目的」はひとつではないかもしれない。だがひとつの動画に多くの目的をもたせることは得策ではない。制作の意図が曖昧になるからだ。見る側の「心」を動かす（揺さぶる）クリエイティブも制作しにくくなる。

図2　動画制作の目的

- 商品/サービスのPR
- 企業ブランドの浸透と向上
- 事業内容の理解推進
- 採用活動(新卒／中途)
- 社会貢献活動(CSR)の報告
- IR(投資家向け)情報
- 社内広報(トップメッセージ等)

動画でしか実現できないことを明確にする

動画を使うコミュニケーション上のメリットはいくつもあるが、「なぜ動画でなければならないか?」を明確にしておきたい。動画制作はテキストや写真だけの場合よりも、多くの費用や人的リソースを必要とする。「本当に動画を使う必要があるのか?」は費用対効果の面でも検討するべきだ。

図3　動画を使うメリット

- Attention(注目)を得る
- Interest(興味)を引く
- 内容を理解しやすい
- 記憶に残る
- シェアしやすい
- エンゲージメント／ロイヤルティを高める

動画ならではの様々なメリットがある中で、動画活用の目的に沿ってメリットの中のどれにフォーカスするかが企画書の制作上で重要だ（図4・5・6）。

図4　動画ならではの排他性（動画でなければできないこと）

- ● 商品の使用前、使用後のビジュアル比較を早回しで行う
- ● 自社の職場環境を社員の生の声で伝える
- ● 自社独自の技術情報を就活生にも分かりやすく解説する
- ● CSR活動に社員が自ら参加している様子を関係者にレポートする

例 花を長持ちさせる栄養剤使用後の時間経過を動画で示す

【動画A】栄養剤なし
花がしおれる

【動画B】栄養剤を使用
いつまでも花が元気

図5　食品メーカーの商品PR動画　「目的」「動画ならではの排他性」の例

「自社の主力商品の"新しい食べ方"を提案」

企画背景

- ● 商品名はすでに知られている。「悪目立ち」するのは避けたい
- ● 意外性のある「新しい食べ方」なので興味は持ってもらえるだろう
- ● 誰でも簡単にできる食べ方なので映像を使ってシンプルに説明できる
- ● YouTube配信を検討しているが、類似コンテンツに埋もれないか心配
- ● 「意外性」をフックに、なるべく多くの人に「シェア」してほしい

動画活用の目的

商品PR（新しい食べ方の提案）

目指す排他性

悪目立ちすることなく「素直な驚き」を感じてもらう。「意外に簡単」な食べ方であることを強調することで、周囲にシェアしてもらえるような動画を制作する

図6　BtoB企業の新卒採用動画　「目的」「動画ならではの排他性」の例

「企業の知名度の低さを改善し、少数の理系の院生を採用したい」

企画背景

- 独自性の高い「事業内容」と研究開発者に優しい「社内環境」を訴求したい
- 採用サイトを訪れる理系学生に、先輩社員たちの言葉を通じて「分かりやすく」伝えたい

動画活用の目的

新卒採用の強化（事業内容と職場環境の理解推進）

目指す排他性

比較的長い動画で事業の独自性（独自技術）を分かりやすく解説。研究所や職場環境について、研究職の若手社員が学生に近い目線で伝える

動画が目指す「効果」「態度変容」を言語化する

　動画によってどういった「効果」を狙うのか。企画書作成にあたって重要なのは、できる限り"具体的に"「効果/態度変容」を言語化することだ。必要に応じて「ペルソナ」の設定なども行う。具体的であればあるほど、この先の「数値目標」の設定がしやすくなる。

図7　中堅商社（A社）の企業PR動画　「効果」言語化の例

「多様な事業展開を行っているにもかかわらず、
　農作物の専門商社のイメージが強く、改善したい」

 現在　動画を見る前のA社のイメージ　→ 未来　動画を見た後のイメージ
農作物を扱う専門商社　　　　　　　　　　　　　　　農作物以外も扱う中堅商社

動画に期待する効果（態度変容）
農作物分野に加え、A社が行う３つの事業領域（化学、繊維、医薬品）についても事業内容を理解してもらいたい

数値目標を決める

　言語化した「効果/態度変容」は、具体的にどういった数値に表れるのか。忘れがちだが、数値目標を設定しておこう。最終目標を定量的に評価するKGI（重要目標達成指標）が決まったら、KGI実現のための切り口であるKSF（重要成功要因）を定める。さらにより具体的な通過地点にあたる数値（例えばPV数）であるKPI（重要業績評価指標）を順番に設定していく。

図8　KGI・KSF・KPIの例

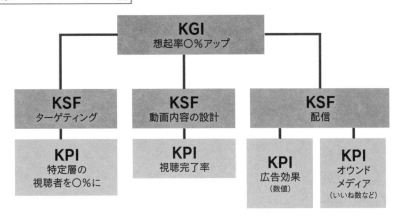

KGI（Key Goal Indicator）：重要目標達成指標
KSF（Key Success Factor）：重要成功要因
KPI（Key Performance Indicator）：重要業績評価指標

　いずれ公開後の動画単独の目標設定（KPI）を細かく設定する必要はあるが、企画段階では動画によって達成したい究極のゴールが何であるかが明確であればよい。動画単独ではなく、広報戦略全体の視点で動画PRの目的を考える。

図9　中堅商社（A社）の企業PR動画の戦略フレームワーク

KGI：最終的な目標

A社の農業以外の3つの事業（化学・繊維・医薬品）についても事業内容を理解してもらうため
- 2年後の調査で自社が「扱う商材」＝「化学・繊維・医薬品」として想起する人を30％に高める
- 農薬・農作物だけを想起する人を60％に下げる（現在は80％）

KSF：KGI達成のための鍵となる要素

1 ターゲットオーディエンスの特定
2 内容の戦略的設計
3 マルチチャネル配信
4 関連コンテンツの整備

KPI：KSFを測る具体的な指標

1 ターゲットオーディエンスの特定
　　ターゲットオーディエンスの割合を6カ月で20％に増加させる
2 内容の戦略的設計
　　視聴完了率を6カ月で70％以上にする

「戦略フェーズ」で数値目標が決まると、以降の「戦術フェーズ」「クリエイティブフェーズ」で、具体的にどのようなアクションを行えばいいか企画しやすくなる。

視点2　いかに動画を届けるか?（戦術フェーズ）

PESOモデルを活用し動画を見てもらう仕組みをつくる

　動画活用にありがちな失敗は、広報担当者が動画制作に一生懸命になってしまうあまり動画公開後の施策がないがしろになるケースだ。プレ

スリリースの"投げ込み"のごとく、完成した動画をYouTubeなどの投稿サイトや自社サイトに"投げ込み"、公開が完了すると全て終わったような気持ちになってしまいがちだ。くれぐれも動画は制作して終わりではない。どうやって動画を見てもらうか（回転させるか）という次の課題についての企画が必要だ。

　公開した動画にアクセスを集めるために、基本は「自社サイトへの掲載」、自社が持つ「SNSアカウントで告知」「プレスリリースの配信」などが考えられる。また必要に応じて「オンライン広告」などを活用しアクセス誘導を行う場合もある。大切なのは基本に立ち返ることだ。"見てもらう"ために必要な仕組みを、PESOモデル（Paid Media：広告、Earned Media：パブリシティ、Shared Media：生活者のSNS、Owned Media：企業サイトや公式SNSアカウント）を用いて「相乗効果」を出せるよう整理していく。

図10　PESOモデルを活用し、ブランドストーリーを最適化する

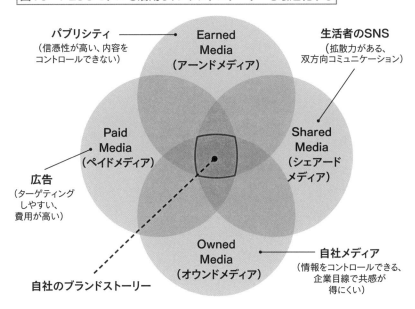

特にオウンドメディアとして動画を活用したい企業は、ペイドメディア、アーンドメディア、シェアードメディアも活用し相乗効果を生み出していくための「全体観」が重要だ。

一方で、動画の制作会社やコンサルティング会社は、動画コンテンツ単独としての「回転数」「アクセス数（PVやUU）」「検索順位」「被リンク数」をトラックすることで、動画単独での（小さな）数値評価に言及しがちだ。短期的な目標設定（KPI）の確認も必要だが、大切なのは広報活動全体としてのゴールの達成であることを心がけたい。広報担当者が重視すべきは、個々の動画（投稿）の出来不出来よりも、KGI（認知率、想起率、態度変容等）などの（大きい）数値評価の長期的な効果だ。

動画にアクセスを集めるための5つの方法

具体的に動画を露出するための方法をシンプルに企画する。主に図11の切り口となる。

図11　動画を露出させる方法

1. 広告　　　　2. ネットPR（ネットニュース等）
3. SEO　　　　4. SNS（自社アカウント）
5. ブックマーク（既存顧客、ステークホルダー等）

1 広告から動画への誘導（ペイドメディア➡オウンドメディア）

広告から動画への誘導は主にオンライン広告が効果的である。具体的にはリスティング広告やバナー広告などから動画サイトへ誘導する方が、テレビや新聞などのオフライン広告より相性が良い。ただし、動画自体を広告として活用するケースはこの議論からは除外する。

2 ネットPRから動画への誘導（アーンドメディア➡オウンドメディア）

例として、オウンドメディア用に制作した動画のメイキングシーンを別に用意し、ネットニュースに配信する（あるいはプレスリリースを行う）などが考えられる。

③ SEOによる動画への誘導

Googleなど検索エンジンに動画コンテンツを評価してもらう。検索結果のより上位にサムネイルが表示されることを目指す。通常SEOは該当サイトのコンテンツの質（顧客体験）を上げることで上位表示が可能になるが、動画コンテンツの場合、動画の質だけでなく、動画に関連した情報の整理も重要（間接要因）となる。

図12　SEO対策の例

- Google対策としてYouTubeに動画を公開
- 動画を格納する自社サイトの内容と動画の内容は関連の深い内容にする
- ➡自社サイトのユーザー滞在の時間を高め、被リンクを増やす
- ➡検索結果として動画のサムネイルが上位に表示される

④ SNSアカウントから動画への誘導

自社のSNSアカウントでの動画紹介だけであれば簡単だが、SNSアカウントから外部サイトへの誘導には、いくつか注意したいことがある（図13・14）。

図13　Instagram➡動画コンテンツ（YouTubeを想定）への誘導の注意点

- Instagramのキャプションにリンクを貼ってもYouTubeに直リンクにならない
- Instagramのストーリーにリンクスタンプを貼ることで、YouTubeなどの外部動画サイトにユーザーを誘導する
- ➡具体的には、以下の手順で行う ①Instagramのアプリを開き、ストーリーを作成する ②画面上のアイコンから「リンクスタンプ」を選択。③リンクスタンプのテキストボックスにYouTubeのURLを入力 ④ストーリーを投稿。ストーリー上のリンクをタップすると、YouTubeの動画が表示され、ユーザーは、動画を再生したり、チャンネル登録したりすることができる。この機能を活用することで、InstagramのフォロワーにYouTubeの動画を見てもらうことができる。筆者は、コンシューマー商材を販売する企業などにこの方法をお勧めしている
- ➡Instagramの公式アカウントとは別の専用アカウントをYouTube用につく

り、Instagram用の短い動画を投稿する方法もある。このInstagramアカウントのプロフィール欄にYouTubeの動画（または動画サイト）のURLを記載することで、動画（動画サイト）に誘導が可能になる

図14　X(旧Twitter)→動画コンテンツ(YouTubeを想定)への誘導の注意点

- Xの投稿に動画のURLを載せることで、X上でも動画は視聴可能となる。しかし、Xユーザーは、短時間にタイムラインをスクロールしてショートメッセージを次々とチェックしたい場合が多い。ある程度の長さの動画を音声付きでじっくり楽しみたいとは限らない
- ➡Instagramと同様にX投稿用に短い動画をつくってツイートすれば一定数のクリック獲得ができる
- ➡ただし、ユーザーの属性が違うため、内容によってはX上では関心を持ってもらえずスルーされてしまうこと、逆に短い動画だけを見て本編は見ないで満足してしまったりすることもある

⑤ ブックマーク（既存顧客、ステークホルダー等）

　ブックマークからのウェブアクセスは、①既存顧客、②社内外の関係者、③評論家、メディア関係者などが主体である。このアクセス手段は「PESO」モデルで明示されていないが、重要なポイントである。告知の手段としては、メールマガジンや個別案内、ビジネスツールを使用するなど多岐にわたる。SEOや広告からの流入と異なり、ブックマークからのアクセスは繰り返し行われる可能性が高い。特にBtoB企業や会員制サービスに関連した動画コンテンツにおいては、アクセス頻度を高めるための更新頻度や通知内容を検討することが有用である。

視点3 コンセプトを定める（クリエイティブフェーズ）

まずは興味を持ってもらうため、シンプルなコンセプトで

　動画の制作に関する企画で重要なのは、企画者と動画制作者のミス・コミュニケーションをいかに無くすか（段取り）だ。クリエイティブのコンセプトはシンプルでなくてはならない。

> **図15　動画のコンセプト制作**
>
> **例企業名（ブランド）の認知拡大**
> ➡「企業理念」「自社が大切にしている考え方」を企画書内に表現
> ➡上記の「理念」「考え方」をどうやって動画で伝えるのか
> ➡企業ブランドから逸脱した表現を防ぐ
>
> **例新商品の販売拡大**
> ➡商品の「独自性」「他社製品にない魅力」を企画書内に表現
> ➡自社商品の独自性をどう映像で可視化するのか
> ➡動画ならではの表現で、他社と差別化する
>
> **例CSR活動の理解の推進**
> ➡自社がこのCSR活動を行うのはなぜか、「目的」を企画書内に表現
> ➡活動の様子を、どのように動画で伝えるか
> ➡受益者（CSR活動の対象者）の生の声をインタビューする

　企業が制作し公開する数多くの動画を見てきたが、多くはそもそも動画の「目的」が明確ではないことが多い。また「目的」は分かるが、企業者が求める効果と動画表現がミスマッチでうまく伝わっていない場合もある。また、うまく伝わっていても「悪目立ち」がすぎる独りよがりな作品を目にすることもあるので気をつけたい。

動画は「イメージ」に頼らない

　テキストや写真でのコミュニケーションに比べ、動画は一度接すると記憶に残りやすい。また、動画を通じて企業や商品の「ファン」になる

と、自分の周囲の友人・知人にSNSなどを通じて宣伝（シェア）するなど副次的な効果も生まれる。

　動画では「イメージ」を伝えやすいだけに、つい「イメージ」ばかりを重視しがちだが、既存のブランドイメージと大きく乖離してしまわないよう気をつけたい。

図16　自社の実際とPR動画イメージの乖離の例

与件 地元密着型で伝統的な老舗の和菓子屋。現在のメイン顧客は高齢層

目的 若者の「和菓子離れ」に危機感。若者向け新メニューを開発し販売。動画で訴求

効果 斬新な新作和菓子を"スイーツ好き"の女性層に知ってもらう。日常生活に"かわいい和菓子"があることの素晴らしさに気づいてもらいたい

動画ストーリー

新作の"かわいい和菓子"を映像で紹介。若年層に人気のモデルを起用。モデルが店舗で購入後、自宅で和菓子を食べる

現実と動画の乖離

➡高齢客が多い老舗和菓子店を訪れるモデルに違和感。実際にはあまり考えられないシチュエーション

➡贈答用などに木箱入りで購入される既存商品のイメージと"かわいい和菓子"がミスマッチ。どういう機会に若年層が購入するのかイメージがわかない

➡動画を視聴しても、動画自体の"イメージ"は悪くないが、この和菓子屋を想起できない（イメージがつながらない）

イメージの乖離を防ぐためには

➡地域密着型、伝統ある老舗という既存イメージを無理に超越した作品に走らない。違和感のないシーンに自然な形で"かわいい和菓子"を登場させる

例地元の古い町並み、観光として訪れる若い女性グループ、店先の"かわいい和菓子"を発見し、購入する

例実際に地元の高校生らが店舗で和菓子の手づくり体験を行った時の映像を使用。"かわいい和菓子"をつくる体験から試食。和菓子づくりの"楽しさ"や"味"についても触れる

ベストな長さは、どのくらいか？

　短すぎると伝えたい情報が少なく内容が薄くなり、伝えたいことが不十分となる。長すぎると途中で離脱される。ネットユーザーは基本的に"せっかち"だと認識するべきだ。一般的には商用動画の長さは1分〜3分以内が望ましい。もっとも、これは主としてコンシューマー向けの販促を目的とした場合だ。投資家向け情報（IR）や、採用活動用の動画の場合はこの限りではなく、過不足ない必要十分な情報提供が条件になる。

図17　動画内に最低限必要な構成

1 アバン映像（"つかみ"となるオープニング）
2 ファーストシーン
3 商品／企業／事業内容／業績等の紹介シーン
4 出演者／解説者
5 ナレーション
6 BGMや効果音
7 スマホ視聴なども想定した分かりやすい字幕
8 まとめ（ラストシーン）

　動画の「目的」「ターゲット」「コンセプト」にもとづき、必要なストーリーを用意する。企業側でストーリーを考え企画書内に記載することもあるが、動画制作を行う外部企業に任せる場合もある。いずれにしろ、"せっかち"な視聴者を少しでも離脱させないため、最小限の長さで伝える工夫は欠かせない。

できれば外部に委託を

　動画制作といえば外部プロダクションに委託することが当然だったが、最近では撮影用のデジタル機材や動画作成ツールが普及したため、簡単な動画であれば誰でも作成できる。

　一方で、気をつけたいことは、家族動画の撮影などプライベートでの撮影と編集経験から「自分でできる」と担当者が過信してしまうことがある。ブランドマネジメントに力を入れてきた企業が自作で動画を制作したところ、マス向けの動画（テレビCM等）ともYouTube上の口コミ動

画とも言えないような中途半端な動画となり、結局、一からつくり直さざるを得なかったケースを聞く。マス向け動画にはマス向けのクオリティが必要なのと同じく、ネット動画にはネット動画として拡散を生み出すフックなど独自のクオリティが必要になる。インタビュー収録なども、プロのカメラマンや司会者（アナウンサー）が行う場合とでは完成時のクオリティは想像以上に異なる。

　予算や納期の制約はあるが、「動画で他社に差をつけたい」のであれば、外部の制作会社と入念な打ち合わせを行い、より高いレベルでの、ストーリーづくり、撮影、作画、編集、BGM、ナレーションを検討したい。

図18　制作会社のタイプ別の向いている内容

ドキュメンタリー（ニュース）系制作会社

社長インタビュー、現場（工場、研究施設等）の取材

➡制作本数、映像の長さ、ロケ地、ロケの回数、クルーの人数、規模、ナレーション・BGMの有無、翻訳などにより予算が異なるため、事前に見積りをとること

グラフィック（説明・解説）デザイン系制作会社

動画以外での説明が難しい技術情報、
ビジネスモデルなどを動画で分かりやすく解説

➡動画内で使用するCGや図表などは、思っている以上に制作に時間を要するので、早めに準備を進める必要がある。出演者/インタビュアーが必要な場合は、ある程度の事前知識が必要となる。事前打ち合わせなどが欠かせない

企画系（インパクトある動画）制作会社

話題性のある企画、他社との差別化を目指す

➡ただ動画が「話題になる」だけではなく、企業として何を伝えたいか動画制作の趣旨を明確に伝える。企画書、絵コンテなどの段階で制作者サイドと入念な打ち合わせを行う。炎上を避けるなど、当然のコントロールは必要だが、あまり制作者を萎縮させてしまうと無難でつまらない内容になってしまうことも多い。表現としてどこまでが「あり」かのすり合わせを事前に自社内でも行う。企画系制作会社の場合、動画制作だけでなく「動画を視聴してもらうための展開案」についても相談することが可能だ

ChatGPTを広報に応用
7つのシミュレーション

　大量のデータを素早く分析し、自然な対話を行うことができる生成AI。その活用によって、改善策が的確に見つかるなど、広報企画をする上での多様なタスクが効率化されていく可能性がある。ただし、AIの正確性には課題があり、個人情報の保護やバイアスの排除など、人間による判断と検証は常に必要となる。AIの能力と制約について理解し、適切なワークフローと監視体制を構築することが求められる。ここではChatGPTを広報にどのように応用していくか、7つの「架空の広報事例」をもとにシミュレーションしてみよう。

- -

事例1

ヘルスケアスタートアップの新製品プロモーション

　ヘルスケアスタートアップはChatGPTを活用して新製品の商品広報を行った。具体的には、市場や競合他社の製品戦略を、ChatGPTを使用して分析し、その情報を広報戦略の策定に活かした。さらに、商品価値の提案や広報活動に関連する文言の作成など、具体的な広報活動にもChatGPTを活用した。これにより、ヘルスケアスタートアップは市場に適した新製品の効果的な広報活動を実施することができた。

ChatGPTの利用法

市場や競合の分析：ヘルスケア業界で注目されているトピックや競合他社の製品戦略などを問い合わせる指示文を作成。得られた情報を参考に、自社の広報活動の方向性を探る。

顧客との模擬対話:特定のユーザーセグメントを設定し（例:フィットネ
ス愛好家、高齢者、新規顧客など）それにもとづいてChatGPTに質問や
フィードバックを与え、顧客インタビューや顧客調査を模擬的に行う。

広報担当者が気をつけたいポイント

　指示文を具体的にすることで、より適切な回答を得ることができる。
ただし、ChatGPTが提供する情報は、学習データにもとづいて生成され
るため、情報の正確性や最新性を確認し、他の情報源との照らし合わせ
を行う。顧客との模擬対話も参考にはなるが、必ずしも実際の顧客の声
と一致するわけではない。重要な意思決定には人間の視点を組み合わせ
て考慮する。

- -

事例2

高級ファッションブランドのオウンドメディアのコンテンツ制作

　この高級ファッションブランドは、新商品の紹介や季節のトレンド情
報などを提供するブログを運営していたが、常に新鮮で魅力的なコンテ
ンツを提供し続けることが求められていた。ChatGPTには、季節のスタ
イリングアイデアなどを提供してもらい、それらをもとにブログ記事の
初稿を作成した。ChatGPTの支援により、ブランドはコンテンツ制作の
効率化を図るとともに、質の高い記事を短期間で作成し、ブランドの魅
力をより多くの顧客に伝えることができた。

ChatGPTの利用法

コンテンツのアイデア創出：ChatGPTに対し、探求したいファッション
に関するトピックや季節のスタイリングアイデアについて具体的な質問
を設定する。ChatGPTから得られた情報をもとに、記事のアウトライン
を作成する。このアウトラインは、記事の構成やトピックごとの主要な
ポイントを整理するためのガイドラインとなる。

ブログ記事の初稿を生成:アウトラインにもとづき、ChatGPTに記事の本文を生成させる。ここで重要なのは、生成されたテキストはあくまで「初稿」であり、完璧な完成品ではないという認識である。生成された記事の内容を広報担当者がレビュー（評価）し、ブランドのトーン・マナー、正確性、読者にとっての有用性などを確認する。必要に応じて手動での調整を行う。

広報担当者が気をつけたいポイント

ChatGPTの知識は学習が完了している時点までの情報に限られている。以降の新しいトレンドや情報については十分な精度で答えられない場合がある。ChatGPTから得られた情報はあくまで参考のひとつとし、他の信頼性のある情報源も同時に参照する。生成された内容をレビューし、ブランドのトーン・マナーにあっているか、正確な情報か、読者にとっての有用性があるかなどをチェックする。人間の感覚やニュアンス、文脈を十分に理解していない点を手動で補う。

事例3

エネルギー企業のプレスリリース作成

あるエネルギー企業が、再生可能エネルギープロジェクトの開始を伝えるプレスリリースの作成を、ChatGPTを使って行った。企業がChatGPTに提供した情報（新プロジェクトの概要、達成目標、期待される影響など）にもとづいて、効果的なドラフトが生成された。これにより、企業の革新的な取り組みが媒体や一般の人々に適切に伝えられた。

ChatGPTの利用法

プレスリリースのドラフト作成：環境に関連した行動指針や持続可能性の取り組みに関する詳細な情報をChatGPTに入力し、情報にもとづきプレスリリースのドラフトを生成させる。この時、強調すべき情報や読者

の関心を想定し、その方向性を指示する。生成されたドラフトを確認し、情報の精度や適切さを検証する。ブランドのメッセージングが適切に反映されているかを慎重に評価する。必要に応じて修正を行い、最終的なプレスリリースを完成させる。この段階では、読み手の視点を忘れず、情報が明確で読みやすい形になっているかを確認する。

広報担当者が気をつけたいポイント

　ChatGPTに入力する情報は公開可能で確認済みのものだけにし、個人情報や機密情報を含まないようにする。生成するドラフトは、方向性を明確に設定する。強調したいポイントや、読者が最も関心を持つ情報を正確に特定。また、ブランドのトーンや言語スタイルも考慮してChatGPTによって適切に反映されるようにする。

　生成された内容は必ず確認し、不正確または不適切な情報がないかチェックする。優良誤認表示になっていないかなど、適切な法的ガイドラインに従っていることを確認し、誤解を招く可能性のある表現や誤った情報の訂正を行う。AIは直感や人間の判断を持っていないため、その結果を絶対的なものとして扱ってはならない。

事例4

観光地の広報効果の測定と
戦略改善におけるチャットボットの作成と活用

　この観光地ではChatGPTを活用してチャットボットを作成し、その運用を通じて広報効果の測定と戦略改善に取り組んだ。具体的には、観光地のウェブサイトやソーシャルメディア上で、訪問者からの問い合わせ応答や意見収集に用いた。訪問者の疑問に対して即時に回答を提供すると同時に、訪問者の反応や感想を収集・分析。観光地の魅力や改善すべき点、さらにはその変化を時系列で把握した。これらの情報にもとづき、観光地は広報戦略の再評価を行い、効果的な改善策を計画し、実行した。

その結果、訪問者数の増加や満足度の向上など、広報効果の明確な改善
が見られた。

ChatGPTの利用法

チャットボットの作成：ChatGPTを使用して観光地向けのチャットボッ
トを作成し、観光客からの質問に対する自動応答や観光客のフィードバ
ックの収集に活用する。

データ収集：チャットボットを使用して得たフィードバックや質問、そ
してソーシャルメディアの投稿やレビューから観光地に対する反応や感
想を収集する。特定のハッシュタグ、キーワード、地域名を用いて観光
地に関連する投稿を特定し、その内容を抽出する作業などを行う。

データ分析と活用：観光客の要望や、観光地の魅力、改善点を把握する
ために、収集したデータを分析し、トピックの抽出や感情分析を行う。分
析結果をもとに、観光地の広報戦略に反映させるべきポイントや、必要
な改善策の立案を行う。チャットボットを活用して観光客との対話を通
じて意見やアイデアを収集し、これらを戦略に反映させることも重要。

戦略の実行と再評価：改善策を実行し、その効果を観察する。再度チャ
ットボットを活用して観光客との対話を行い、広報戦略の改善が効果を
もたらしているかの評価を行う。

広報担当者が気をつけたいポイント

　ChatGPTを用いたチャットボットの設計は、その観光地の特性や訪問
者の特性に合わせて行う。具体的な情報提供や問い合わせ応答だけでな
く、観光地の魅力を伝えるような対話も設計に取り入れることで、観光
地への興味や満足度を高めることが可能となる。対話データやソーシャ
ルメディアから得られた意見や要望を適切に活用し、広報戦略の改善案
に反映させる際は、分析結果だけでなく観光地のビジョンや目標も考慮
する必要がある。

企業の危機管理対策の高精度化

　大手自動車製造企業は、製品リコールの危機管理対策としてChatGPT
を活用した。ChatGPTにはリコール事案の詳細（製品の種類、リコール
の理由、影響範囲など）を入力し、各種ステークホルダー（消費者、取
引先、メディア）向けの公式声明文、FAQ、顧客への連絡文書のドラフ
トを生成。これにより、企業は迅速かつ適切な対応を実現し、イメージ
ダウンと顧客満足度への悪影響を最小限に抑えることができた。

ChatGPTの利用法

事案の詳細分析：ChatGPTを活用し、企業は具体的な危機事案の詳細
（製品の種類、リコールの理由、影響範囲など）を明確に定義する。
迅速な対応と情報の提供：ChatGPTによって生成された公式声明文、
FAQ、顧客への連絡文書のドラフトを素早く対応策として検討し、修正
後の文書を公表、危機管理対策の一部として使用する。公表後も、Chat
GPTは企業が受ける追加の質問や要求に応じて、さらなる文書を生成す
るのに役立つ。

広報担当者が気をつけたいポイント

　文書作成にあたっては、各ステークホルダーが求める情報の内容と形
を理解する。例えば技術詳細を求める人と一般情報を求める人がいるこ
とを覚えておく。公表する文書は、企業のイメージと一致していること、
そして企業のスタイルに従っていることが重要である。新しい文書をつ
くる時も一貫性と適切さを保つために、人間によるチェックが必要とな
る。

事例6

非営利組織による資金調達イベントのためのPR

　非営利組織が、ChatGPTを使用して年間最大の資金調達イベントのPRを強化した。イベントの目的、予定日時、参加方法などの詳細情報をChatGPTに入力し、ターゲットオーディエンスが最も関心を持つと推測されるイベント告知文や広報メールを生成した。結果、イベントの参加者数と資金調達の成功率が前年比で大幅に向上した。

ChatGPTの利用法

イベント告知文や広報メールのドラフト作成：イベントの目的、予定日時、参加方法など詳細情報をChatGPTに入力する。また、過去のイベント参加者からのフィードバックや調査結果、競合他社の類似イベントなどを参考にし、ターゲットオーディエンスの嗜好や関心事を理解しておく。これらの情報をもとに、ChatGPTにエンゲージメントの高いイベント告知文や広報メールのドラフト生成を指示する。生成されたドラフトは、非営利組織の広報担当者によるレビューと修正を経て完成形となる。

広報担当者が気をつけたいポイント

　ターゲットオーディエンスがどのような情報に関心を持つかを理解することは、エンゲージメントの高いコンテンツを作成する上で重要だ。提供する価値や特徴を強調することで、関心を引きつけやすくなる。またドラフトを生成する際は、その組織のブランドボイスやトーンに合致するように指示する。非営利組織のブランドアイデンティティを維持しつつ、エンゲージメントを高めていく。

ソーシャルメディアキャンペーンの企画

　市場での革新を目指すスタートアップ企業が、新製品のソーシャルメディアキャンペーンの企画にChatGPTを導入した例。同社は、製品の独自の特性、目標とする顧客層の詳細、キャンペーンの具体的な目的をChatGPTに入力した。さらに、キャンペーンで伝えたい主要なメッセージや、製品の魅力を最大限に引き出すストーリーテリングの要素も提供した。これらの情報をもとにChatGPTは投稿文のアイデアを提供し、エンゲージメントを引き出す可能性のあるハッシュタグを提案した。その結果、同社のキャンペーンは大きな成功を収め、製品の市場認知度と売上が大幅に増加した。

ChatGPTの利用法

キャンペーンのハッシュタグ生成：新製品の特性（製品の特徴や利用者へのメリットなど）、顧客層（年齢層、性別、趣味、消費行動など）、キャンペーンの目的、主要なメッセージと商品の魅力を最大限に引き出すストーリーテリングの要素を明確にし、ChatGPTに投稿文のアイデアとエンゲージメントを引き出す可能性のあるハッシュタグの生成を依頼する。

広報担当者が気をつけたいポイント

　ChatGPTがエモーショナルで共感を呼び起こすストーリーを生成できるように製品やブランドが顧客の生活にどのように適合するか、製品を使用することでどのような感情が生じるかなどのストーリーテリングの要素を明示する。

もっと売り伸ばしたい！

第3章

「商品・サービス広報」の企画 提案に必要な要素を整理

この章で分かること

- ☑ 他社商品と差別化しにくい時の広報
- ☑ 市場が飽和している時の広報
- ☑ 企画書に必要な8つの要素

📝 企画を立てる前に2つの視点を整理する

マーケティングや広報部門の方から受ける相談で最も多い案件が「商品（サービス）」に関する広報についてだ。私が商品広報について相談を受ける際、企画を立てる前に次の2点について話を整理するようにしている。

❶商品自体が「独自性/排他性」を持ち、他社と差別化できるか？
❷すでに市場が確立されているか？

投入する市場がBtoBなのかBtoCなのかを最初に気にする人もいるが、販売相手がB（Business）かC（Consumer）かは、「ターゲット」の設定と「購買ステップ」の違いだと私は考えるので、最初の段階ではこの2点を重視して整理することにしている。

視点1 他社と差別化できる商品か

「差別化できる」場合の考え方

仮に自社が市場に提供する商品が「独自性/排他性」を十分に持つものであれば、基本的なアプローチとして「商品自体」の仕様、魅力、役割、希少性などをコミュニケーションしていく。

例えば空気清浄機の場合、他社商品の仕様（スペック）ではこれまでは取り除けなかった「ダスト、花粉、ウイルス、ニオイ」などを「取り除ける」ことを言語化、可視化、ストーリー化（コピーライティング、クリエイティブ、商品が生まれた背景など）する。

「差別化できない」場合の考え方

　商品自体では、市場において競合他社との差別化ができないことの方が多い。この場合には、他の要素（価格、販売チャネル、プロモーション、商品サポートなど）での商品全体としての差別化を検討し、どのように魅力を伝えるかを考える。つまり、モノとしての商品単独ではなく、モノ以外の付随サービスを含めた商品全体としての提供できる価値を訴求する。

　例えばノンアルコール飲料の場合。マーケティングの4Pのフレームに当てはめると、「Product（プロダクト）」は特に目新しさはなく、「Price（価格）」は通常より高いので優位ではなく、「Place（販売チャネル）」は高級レストラン、都内のスポーツジムなどでの限定販売、と差別化が難しい。そうなると、「Promotion（プロモーション）」が重要になる。これまでのノンアルコール飲料にはなかった、メッセージ、クリエイティブ、ライフスタイルを、どうやって伝えるかを整理していく。

視点2 # すでに市場が確立されているか

「市場形成前」の場合の考え方

　これから広報を行う商品が、まだ確固たる市場を形成していない場合は、市場（需要）を創出するためのコミュニケーションを行う。これまで知られていなかった、商品利用の機会、利用の方法（便利さ）、誰と使う（過ごす）かなど、これまでにないコト（体験）の価値を広報する。

　例えばジェラートの場合。これまでのジェラートがおやつとして、あるいは夕食後などに食べられているならば、商品を「朝食べる（朝食代わりの）」ジェラートとして打ち出す。ジェラートを朝食べることで生じる消費者のメリット、楽しさ、面白さなどを、コミュニケーション（言語化、可視化、ストーリー化）する。スペックでの差別化を狙わず生活

提案型の広報を行う。

「市場形成済み」の場合の考え方

　市場がすでに形成されており後発商品として市場に投入される場合には、顧客のマインドシェア（純粋想起率など）や好感度の獲得を目指したコミュニケーションを行う。多くの類似商品が市場にあふれる中で、「○○と言えば○○」というように、カテゴリー（前者）と商品ブランド名（後者）を強く紐づけ、高い好感度を得る状態を目指す。

　例えば食パンの場合、飽和状態の市場に投入することになるため、「食パンと言えば○○の食パン」といったように、食パンというパンの中のひとつのラインアップ（カテゴリー）から、自社が提供するブランド（食パンの商品名）が想起される状態を中長期的に目指す。記憶に残る「商品名」「キャッチフレーズ」「メッセージ」「プロモーション」「エンドーサー（企業ブランドなど）」を用いてコミュニケーションを行う。さらに具体的なコト（体験）、季節性（季節の話題）とセットで訴求。そして他社ブランドを圧倒する露出量、長期間にわたるコミュニケーション、メールマガジンなどでの追客施策で既存客のブランド想起を促す。競合他社と比べて企業規模や財務力が圧倒的に優位にある場合には、後発ながらもメジャー感をもった展開を行う。

視点3　2つの視点を交差させる

戦略のパターン

　実際のビジネスにおいては、これまで述べてきた「他社と差別化できるか」「市場は確立されているか」の2つの視点が互いに交差することになる。図1のように4つのパターンに分類できる。

図1　戦略の場合分け		

	製品の差別化	
	可	不可
新規市場	戦略W	戦略Y
既存市場	戦略X	戦略Z

　図1の「戦略W」（差別化ができる商品を、新規市場に投入する際の広報戦略）は、「商品自体」の仕様、魅力、役割、希少性などを伝え、他社商品の仕様（スペック）では実現しない自社商品の特徴を言語化、可視化、ストーリー化する。また新たな需要創出のため、新しい顧客接点（機会）、新たな使い方、誰と使う（過ごす）のかといった新たなライフスタイルなど「経験（体験）価値」を広報する。

「戦略Z」（差別化ができない商品を、既存市場に投入する際の広報戦略）は、商品自体ではない要素（価格、販売チャネル、プロモーションなど）について、購入者に近いコミュニケーション領域で「伝え方」の工夫をすることで新しいパーセプション（新しいマインドシェア）の獲得を行う。飽和市場（レッドオーシャン）に投入する場合は、自社の強み（企業規模、財務力など）を武器に、消費者の想起（マインドシェア）獲得に注力する。記憶に残る「商品名」「プロモーション」のほか、人気の高いタレントを起用したコミュニケーションなど他社を圧倒する規模感で実施し、飽和市場の中でも圧倒的な存在感を獲得する。市場自体が衰退することも想定し、撤退時のハードルを下げることも意識する。

企画を通すために必要な8つの要素

広告費はあるのに広報活動費は渋られる理由

　ここからは、具体的な商品広報のプランを企画書に落とし込んでいくことを考えていきたい。商品広報のプランは、中長期の企業ブランド向上のプランよりも、「売上」に直結する効果が短期的に求められることが多い。

　「広告企画に比べて広報企画はアウトプットをイメージしてもらうことが難しい」「提案が社内を通りにくい」と嘆く担当者の方もいる。私自身もこれまで、テレビCMやバナー広告など、結構な金額の「広告掲載費」を毎月のように投入している企業において、パブリシティ獲得を中心とした「広報活動費」の話になると急に社内を通らなくなるケースを目の当たりにしてきた。もっとも、これにはいくつか理由があると考えている。

　まず広告は「広告枠」の購入が前提となるため、広告費と露出量が基本的に比例するのに対して、広報活動、特にフリーパブリシティの獲得は事前に露出量が定まっていない。そのため、実施した活動（使う費用含む）と露出量は必ずしも比例しないため費用対効果が見えにくい。加えて、事前の目標設定と事後の成果報告とがうやむやになってしまうことが数多く見受けられる。実際、「頑張ったけど掲載されなかったのはしょうがないよね……」という評価だけで終わってしまう企業も多い。これが広告であれば大騒ぎになる。

　広報は、目的と成果を数値として示す文化が希薄なため、単独のプロジェクトとして機能しにくい。「いつ」始まり、「いつ」終わるのかがはっきりせず、年度をまたぎ通年で同じような活動を繰り返している広報部門も多い。これは経営者の視点で見ると「具体的に何をやっているんだ?（成果は何なんだ?）」という疑問につながる。広報活動の「目的」「成果」が事前・事後に社内共有されておらず、企画が戦略的に立案されな

ければ、提案は通りにくくなるというわけだ。

　これらの問題を解決するために、まずは年度の始まりや活動実施の前に「企画（提案）書」という形で、自分たちは何を目的として、どういうことを行い、その結果はどのように評価されるのかについて、社内に共有する必要があるだろう。では商品広報の企画書に最低限必要な要素は何だろうか。一般的には商品広報の企画には、大まかに**図2**にある8つの項目が必要とされる。ここからは8項目にそって順に解説していく。

図2　商品広報の企画書の基本構成

- **1** 与件の整理
- **2** 環境調査・分析
- **3** 課題定義
- **4** 目標設定／効果測定の方法
- **5** 施策内容（ターゲット）
- **6** スケジュール
- **7** 予算
- **8** 体制

---

1 与件の整理（企画立案の背景、前提、狙い）

「与件」の整理は、商品広報の前提となる「市場/顧客」「競合」「自社/自社商品」などが、過去から現在を経て、未来に向かってどう「変化」していくのかという現状認識のすり合わせから始まる。

　ただし、企画者が自分なりの「与件の整理」ができたとしても、社内（特に上司）が考える与件と違っていることも多い。例えば、自社商品に関して広報担当者が考える「強み」「ターゲット」と、社内（上司）の考える「強み」「ターゲット」にはズレが生じている場合がある。こうした「ズレ」を防ぐためには、企画書を作成する前に、ヒアリングを行うなど「与件のすり合わせ」が大切だ。

図3　担当者によって「強み」「ターゲット」の認識が異なる場合

例 新たに開発した「ハンバーグ」

製品開発者
今回、自社で開発したハンバーグは「ジュワー」と滴る "**肉汁の美味しさ**" がウリだ

マーケティング担当者
肉汁の「ジュワー」は他社製品も一緒。"健康によいオイル" を使った "**自社初**" の商品

商品広報担当者
"自社初" かどうかはメディアも消費者も興味がない。**子どもが弁当に入れてほしいハンバーグの「ランキング1位」**を獲得したので、訴求ポイントはこれがいい

どのような「商品価値」を、どのような「方法」で伝えるか、企画書のメインポイントであるこの点を後に明確に主張するためにも、与件整理の段階での前提の整理は重要！

＊どれが「正しいか」ではなく「すり合わせ」が必要となる

2 環境調査・分析

　商品開発者は商品の開発のために事前に行った市場調査などの分析データを持つことがある。しかし、商品開発者が「どういう商品をつくるべきか」という視点で現在の市場について調査・分析を行う（マーケット調査）のに対して、広報担当者はマーケティングリサーチ（市場の未来がどう変化していくか）に重きを置くことが多い。

　単に「現状分析」に終始してしまうと、広報戦略の立案に必要な「仮説」や「戦略案」を立てることができない。過去→現在→未来へと市場

が変化する中での「差分」に注目し「動的」な視点を持つことが仮説を立てる上で役に立つ。例えば、3C分析（Customer / Competitor / Company）というフレームを用いて環境分析を行う場合にも、「変化」や「影響」に注目する必要がある。

図4　3C分析に必要な考え方

単に「現状」の分析のみに留まらず、仮説を導き出すためには以下のような思考が必要である。

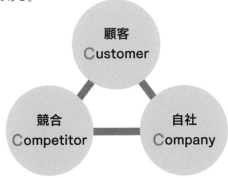

顧客（Customer）
過去において顧客はどのような行動をしたか。それが今現在はどのように変わったか。今後はどのように変化し市場に影響を与えるか

競合（Competitor）
顧客の変化に対応して、これまで競合他社はどのような対応を行ってきたか。現在は市場に対してどのような働きかけを行っているか。競合他社は今後どういった活動を市場に対して行うことが想定されるか

自社（Company）
自社の強み・弱みは何か。競合優位性（差別優位）は何か。どういった施策を市場に働きかければ、競合他社に勝てるか

「仮説」を導き出す

分析の順番は、「顧客」➡「競合」➡「自社」が原則
❶顧客の変化に応じて ❷競合がどのように動くかを踏まえて ❸自社はどう
動くのかを分析し、「成功要因」を導き出す。顧客（ターゲット）が明確に決
まる前に、競合を定義することはできない。自社の「強み」「弱み」などの分
析も、まずは顧客と競合が正しく設定された上での話になる。単に商品や業
種や企業規模など既存の数字だけを比較して「自社」についての分析をして
はいけない

例 ハンバーガーショップをオープン

✕ ダメな分析例	◯ 良い分析例
自社の競合を「商材」のみから判断し、全国のハンバーガーチェーンとして想定	顧客の「ランチ」を分析した結果、シェアを争う「競合」が判明

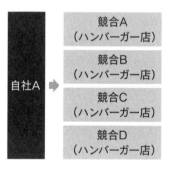

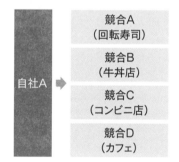

「変動」と「影響」に注目して広報視点での
成功要因（ビジネスチャンス）を導き出す
単なる状況や数値の列挙ではなく、現在⇒過去⇒未来への「変動」や、相互
の「影響」などを分析・予測することで、成功要因（ビジネスチャンス）を
導き出し、企画書の軸となるような「仮説」をつくることが重要となる

✕ ダメな分析例
- 顧客（Customer）の現状は◯◯である
- 競合（Competitor）の売上は◯◯円である
- 自社（Company）の強みは◯◯である

○ 良い分析例

顧客は、（過去から）こう変化した。（将来は）こう考えるだろう。➡競合は、（過去においては）このように顧客にアプローチした。（今後は）こういったアプローチが予測される。➡（従って）自社の「強み」を活かし（弱点を克服し）…○○の方向性で活動する

Company（自社）分析では「強み」をさらに伸ばす戦略を
「弱み」を意識しすぎると広報ストーリーが小さくなる。競合と自社を比較し「競合優位性」に注目する。圧倒的な優位点があれば、その点をさらに掘り下げた広報ストーリーを構築する。このことで、他社との差別化も鮮明になる

③ 課題定義

　分析から「仮説」を導き出すことができると、この「仮説」を実現するために「具体的になすべきこと」が明確になる。これが「課題」の発見となる。「課題発見」は分析の結果でなくてはならない。しかし、分析結果と課題設定にズレがあると、何のために分析したのか分からずチグハグな課題設定となる。こうした間違いが実際には多い。

　また、「具体的に解決できる課題」を設定しなくてはならない。「解決できない課題」を設定してしまうとプロジェクトとして成立せず、ただの努力目標に終わることが多い。具体的にどうすれば「課題」を解決できるのか方法論を後に導き出す必要がある。課題設定し具体的な解決策を考える際によく使われるモデルにSWOT分析がある。

| 図5 SWOT分析をもとにした課題設定 |

	S (Strength) 強み	W (Weakness) 弱み
内部環境	S (Strength) 強み	W (Weakness) 弱み
外部環境	O (Opportunity) 機会	T (Threat) 脅威

S　（内部環境）「強み」をどうやって伸ばすか
W　（内部環境）「弱み」をどうやって克服するか
O　（外部環境）「機会」を活かせるかどうか
T　（外部環境）「脅威」を避けることができるか

「内部環境」の「S」「W」

○ **自社でコントロールできる**
➡ どのくらい伸ばせる（克服できる）のか（具体的な数字で）

「外部環境」の「O」「T」

✕ **自社でコントロールできない**
➡ 不確定（どのような手段で実際に活かすこと、または避けることが可能か）

SWOT分析に必要な考え方

自分たちの「強み(S)」
➡ さらに伸ばし活かす（「強み（S）」×「機会（O）」）
➡ 具体的にどうやって「強み（S）」を伸ばすのか（内部環境）
➡ どういう「機会（O）」に「強み（S）」は活かせるのか（外部環境）

何を行うことで(施策)、具体的に何が実現できるのか（効果）
➡ 課題解決のための具体策を検討

課題解決のための具体策
➡ 課題解決のための最善の方法なのか

例SWOT分析のステップ

準備フェーズ	

❶分析の目的を決める

❷分析に必要なデータを収集

❸内部環境（強み、弱み）と外部環境（機会、脅威）を整理する

❹上記の４つを一覧表にまとめる

分析フェーズ	

● 「強み」 ➡ どうやって伸ばすか、

「弱み」 ➡ どうやって克服するか、

「機会」 ➡ どう活かせるか、

「脅威」 ➡ どう避けられるか、個々に検討する

● 強み、弱み、機会、脅威の４つの視点をそれぞれ掛け合わせ、クロス分析する（強み×機会、強み×脅威、弱み×機会、弱み×脅威）

● クロス分析によって、広報戦略の方向性が明確になり、競合との差別化を行うこともできる。競合が「話題」を社会に提供する前（ブルーオーシャン）の広報ストーリーを発見することなども可能な場合がある

図6 「目的」を明確にせずSWOT分析をしたダメな例

例老舗和菓子店がカフェを出店した際の広報戦略

強み	老舗の知名度、メディアリレーション力

機会	スイーツブーム

仮説	「老舗の知名度」と「メディアリレーション力」を活かして、「スイーツブーム」の追い風に乗って、情報誌の「スイーツ特集」で紹介記事の掲載を狙う。（パブリシティ活動）

問題点	「老舗ブランド」には魅力を感じない「新規顧客」「若年層」を開拓するためのカフェのオープンだった。情報誌もあまり読まないターゲット層のためアプローチ方法が違うのでは？

「老舗ブランド」は「強み」の１つではあるが、分析の目的となる「新規」「若年層」の拡大を図る上では「強み」ではなかった。

❹ 目標設定／効果測定

　広報部門が部門としての「目標」を数値で示す場合に、目標とする数値は「努力目標」なのか「必達目標」なのかを明確にしなくてはならない。現実には多くの広報部門が、自部門だけではコントロールできない（必ずしも自分たちの努力が成果に結びつかない）数値目標を掲げてしまい混乱している。

図7　数値目標の設定が混乱を招いているケース

　単に「現状」の分析のみに留まらず、仮説を導き出すためには次のような思考が必要である

✕目標「売上10億円達成」

　売上10億円の達成は営業部門（あるいは全社）の売上目標であり、広報部門だけで達成できるものではない。この場合の数値目標は、あくまで全社的な「努力目標」となる

✕目標「広告換算額1億円」

　広告換算額は「露出量」を占めるひとつの指標にすぎない。これを広報活動の目標値にしてしまうと、広報活動の内容（質）とは関係なく「量」のみを追うことにもなり、目標値としての正確さを欠く

　広報部門が目標設定を行う上で重要なことは、広報活動の前提として「最終目的（KGI）は何か」をまず明確にすることだ。その上で「通過地点」にあたる数値目標（KPI）を設定すると整理しやすい

　広報活動の「目的は何か」を明確にすることで、初めてどう計測したらよいかが具体的になる。キーワードになるのは「差分」である。

図8　効果測定の考え方

例商品広報の目標＝「商品の好感度を高める」場合

1施策前に商品の好感度測定（プレ調査）を行う

2目標設定 ➡目標値はいくつか。予算はいくらか

3商品広報の施策を実行 ➡露出を計測し通過地点の数値をKPIと定める

4施策後の効果測定（差分比較）を行う

5「差分」とコストを鑑みて費用対効果を検証 ➡PDCAサイクルを回す

5 ターゲットにもとづいた商品広報戦略

　商品広報の効果的な施策を展開するためには、まずターゲットとなる顧客層の大まかな理解が不可欠である。一般的なマーケティング戦略のSTP（Segmentation＝市場細分化、Targeting＝ターゲット設定、Positioning=ポジショニング設定）フレームワークを踏まえつつ、具体的な施策内容においてはターゲットを明確に定義する。ターゲット設定は広報部門だけでなく、商品開発部門、マーケティング部門、営業販売部門とも共有されることが多い。

　次に、このターゲットに対して「何を伝えるのか」、「どのように伝えるのか」を具体的に定義する。ここで活用するのが5W2HとPESO（Paid Media、Earned Media、Shared Media、Owned Media）のフレームワークである。例えば、新商品の環境対応機能を強調する場合、5W2Hを用いて「何（新商品の環境対応機能）を、誰（環境意識の高い消費者）に、いつ・どこで（新商品発売日にオンラインメディアで）伝えるか」などを明確にする。

　この5W2Hにもとづいて、PESOフレームワークで全体最適な広報活動を設計する。ペイドメディアではターゲットに合わせた広告を配置、アーンドメディアでは商品レビューを促し、シェアードメディアでは共感を呼び起こすストーリーづくりを行い、オウンドメディアでは詳細な商品情報を提供する。重要なのは、この全体最適化が企業目線での一方通行の宣伝にならず、顧客が受け入れやすいストーリーとして語られる

点である。例えば、「持続可能な未来のための選択」といったコンセプト
で一貫したストーリーを展開する。

　以上のように、ターゲット設定から具体的な施策、そしてストーリー
づくりまで一貫したアプローチで広報活動を行うことが、その効果を最
大化する鍵となる。

⑥ スケジュール

　商品広報の企画書を作成するにあたって意識しておきたいのは、戦略
の「時間軸」をどこに据えるのかということだ。長期戦略か、短期戦略
かで内容が変わってくる。企画書内にスケジュールを明示するにあたり、
おおむねどちらの方向性の企画書なのかを明らかにしておきたい。実際
には短期と長期の戦略が入り交じることがほとんどだが、実際に商品広
報をどのようなコンセプトで行っていきたいのかという社内の意思と、
企画書上の実際の広報スケジュールに時間軸の「ズレ」が生じていては
いけない。

図9　長期戦略と短期戦略の違い

①長期戦略の場合

- 長期的な視点で商品イメージや認知率の向上を狙うのであれば、ブランドPRを軸とした戦略（長期戦略）でなければならない
- 具体的な成果がすぐには見えにくい
- その半面、商品イメージの向上による効果は長期にわたって発揮される

②短期戦略の場合

- 短期的な売上増加を目指す場合には、商品販促を軸とした戦略（短期戦略）が必要
- 成果が目に見える形で比較的早く表れなくてはならない
- 悪く言えば「目先の利益」を優先することにもつながる

**企画書上のスケジュールも
大きな枠組みを押さえて、
大まかに、簡潔にまとめる**

**いかに短いリードタイムで
ロケットスタートが
可能かを明示**

媒体ごとに企画実現までのリードタイムが適切かも考慮する。リードタイムとは「すべての工程」が完了するまでの時間のことだ。広報でいえば、商品の発表からメディア露出まで、どの程度の時間を要するかを事前に把握することが重要だ。

図10　企画書に必要な要素

広報活動の目的 ＋ ゴール（目標） ＋ 企画実現までのリードタイム
企画 — 取材 — 制作 — 放映・掲載

どの媒体（テレビ、新聞、ウェブサイトなど）を利用するか、広告的アプローチなのか、パブリシティでのアプローチなのかによってリードタイムは大きく変わってくる。一連の流れにかかる期間はどのくらいを目安とするべきかを企画書のスケジュールに反映させる上でも、メディアに露出させる目的・ゴールと同時にリードタイムもはっきりさせておかなければならない。

7 予算

広報活動に費やした金額や時間は必ずしもその露出量と比例するわけではない。何にどれだけ費用を費やすべきなのか、そもそもどこまでが固定的な活動費用で、どこからが戦略的な投資費用なのかが分かりにくい。

図11　PESOで考える 広報にかかる費用の出し方

単に「現状」の分析のみに留まらず、仮説を導き出すためには次のような思考が必要である。

ペイドメディア（広告）

● 自部門が商品広報に関連した広告出稿も担当する場合には「広告計画」の検討を行う

● いわゆる純広告（マス広告およびネット広告など）、タイアップ広告、SNSやニュースサイトなどのインフィード広告、動画広告、リスティング広告などの費用

アーンドメディア（パブリシティ）

- フリーパブリシティ獲得のための活動費（資料作成、リリース配信、記者会見、メディアキャラバン、クリッピングなどの費用）

シェアードメディア（生活者のSNS）

- Instagram、X（旧Twitter）などのSNSやオフラインでの口コミ施策など、消費者を起点として情報を発信・拡散させる施策の場合、消費者に対して費用は一切支払わず、リアルな感想（口コミ）が広まることを目指す
- 内容をコントロールすることはできない
- SNSやオフラインなどでの交流会の運営費用、コンテンツのシェアを目的とするキャンペーン費用、ユーザー体験の向上と満足度を高めるための経費など

オウンドメディア（自社メディア）

- 商品サイト、公式SNSアカウントなどのオウンドメディアの企画費、CMSなど制作費、サーバー構築費、コンテンツ制作費、解析や改善のための費用、更新などの運用費
- 内製・外部委託の範囲によってコストは大きく変わる。自社の現在のリソースで何ができるのかを棚卸しした上で、他のメディア活用との役割分担を検討

> 注意 **広報活動を外注する場合**
> 広報活動を外注するのであれば、一般的には月額フィーとして固定金額をPR会社などに支払うことになる。固定フィーでの業務内容（基本活動）については契約時に個別に交渉する。基本活動を超えた活動を依頼した場合（例えば新商品のお披露目の記者会見の実施など）には、実施費用は別料金となる

　短期施策の場合（主に商品販促）は、初速の勢い（Momentum Building＝モメンタム ビルディング）を形成するため十分な投資が必要となる。一方、長期施策の場合は、月単位で継続した費用計上が重視される。この時、単純に毎月同額を使い続けるだけでは施策上の「メリハリ」がなくなり活動がマンネリ化してしまう。特に季節性のある商品広報において、通年での広報活動のどこに「山」をつくるか、何回の「山」をつく

るべきか、このあたりの全体戦略が重要となる。

8 体制

　商品広報をインハウス（内製）で行うか、アウトソース（外注）すべきかについては悩ましい問題だ。可能な範囲の業務は自社で行いつつ、足りない部分に補助的に外部のリソースを取り入れるといった、バランスのよい外部の活用が求められている。また補助的に外注を活用することによって外部からの視点やノウハウを取り入れれば、将来に向けた内部リソースへの投資にもなる。まずは自社の広報に関する業務を次の3点で考える必要がある。

図12　内製・外注を決める判断基準

❶戦略：広報の「戦略」は誰が考えるのか
❷実行：誰が広報活動を「実行」するのか
❸作業：誰が「作業」をするのか

例 まだできたてのベンチャー企業
商品広報の戦略自体（伝えるべきメッセージや予算など）は社長が自分で考える。メディアキャラバンの実行をする人員がいないので、この部分はPR会社に依頼する。オウンドメディアの記事更新業務は社内スタッフが行うことができる

例 伝統ある老舗企業
これまでのBtoBのビジネスからBtoCへと参入する。社内の広報チームはBtoB広報のノウハウはあるが、BtoCの商品広報の戦略立案の経験がない。したがって「戦略」の立案過程でPRコンサルタントにサポートを依頼する。リリース作成、メディアキャラバンなどの実行や、新たなウェブサイトの制作、記事のクリッピングなどの作業は、これまで通りの広報チームで行う

注意 **内製のメリット・デメリット**
　メリットはまずは費用面だ。広報活動においては広告掲載等の媒体費の外部

への支払いは原則発生しない。内製化により活動費を最小限に抑えることも可能となる。また、自社ならではのノウハウを蓄積していくことで、"広報文化" を根付かせていこうと試みる企業も多い。だが、広報のノウハウは一朝一夕に身につけられるものではない。経験者不在のまま安易な見様見真似で活動しているだけでは中長期的な戦略立案や目標設定を行うことは難しい

注意 外注のメリット・デメリット

一方で、外注は費用という最大の問題があるものの、十分なノウハウと経験、外部からの客観的な目線をもとに広報活動を進められるというメリットがある。しかし、いつまでも外注に頼ると、なかなか内部にノウハウが蓄積しないという問題も生じてくる。実に悩ましい

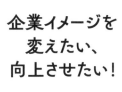

企業イメージを
変えたい、
向上させたい！

第4章

「企業広報」の戦略を立案
施策後の態度変容を目指す

この章で分かること

☑ 企業広報における自社の課題を明確化する

☑ 企業広報の目標設定（効果測定）

☑ 広報体制の考え方

📝 企業広報と商品広報、何が違うのか？

　商品広報は、主に自社商品の魅力や強みを、新商品の発表や販促キャンペーンと連動して潜在顧客に知ってもらい、販売拡大を目指す広報活動である。一方、企業広報は、経営トップの経営理念や事業活動、CSR活動などについて、潜在的な顧客だけでなく、自社の社員や取引先、地域住民、株主など、内外のステークホルダーを対象に伝え、幅広く「自社のブランド価値」の向上を目指す広報活動だ。

　広報活動を通じてステークホルダーに伝えるべき「自社のブランド価値」には4つの側面がある。

■1 機能価値：「品質・性能の良さ」「特別な機能」「便利さ」など商品のメリット

■2 感性価値：企業に関連した「デザイン」「キャッチフレーズ」「イメージ」が自分に合うかどうか

■3 情緒価値：自社の商品・サービスを「体験」することで得られる気分の高揚など

■4 共感価値：アイデンティティや自己実現とのリンク

　商品広報が■1〜■2の機能価値や感性価値の視点を重視してきた時代から、近年では■3〜■4の情緒価値、共感価値を重視する時代へと変化しつつある。企業広報においても、商品・サービスの独自性や魅力を超えて「企業自体が持つ価値」（共感価値）を問われる時代となっている。

　また、商品広報が、自社商品を購入する可能性のある潜在顧客（新規顧客・既存顧客）にターゲットを絞ったコミュニケーション活動が主であるのに対して、企業広報では、自社に関連するステークホルダー（取引先・社員とその家族・メディア・地域住民・株主・採用予定者など）に向けて、商品特性や機能以外の「感性」「情緒」「共感」といったブランド価値全般を広く発信していくことになる。最近ではさらにステークホ

ルダーを超えて、社会全体に向けて自社のメッセージを発信することが重要だと言われる（ガバナンスやESGに関連したサステナビリティに関するメッセージなど）。こうした発信によりステークホルダーにとっての企業イメージが形成されていく。企業広報の目的は、他社との差別化に留まらない。ステークホルダーが自社を一時的に「選択」するのではなく、その選択が「習慣」として長く継続されることが目指される。中長期的な自社の情報発信力の強化にもつながる。

視点1　企業広報の「課題設定」

与件の整理では自社を「俯瞰」する

　企業広報の戦略を立案するために、まず自社の「課題」が何かを明確にしたい。自社の現状整理を行う際、注意したいのは、部門内の狭い視点で与件を整理するのではなく、社会全体、業界、市場など自社の置かれた環境全体を「俯瞰」するということだ。例えば、広報担当者が考えた自社の強みや重要と考えるターゲットは、その多くの場合が経営者や全社的な視点とズレがある。今必要とされる企画はどういった視点に立ったものであるべきか、各セクションからの事前のヒアリングが必要だ。

図1　ありがちな視点のズレ

- **広報担当者**：メディア（関係者）の視点で自社について考える傾向
- **人事担当者**：就活生、大学関係者、現場の各部門長の視点で考える傾向
- **営業担当者**：大手取引先、スポンサー企業の視点で考える傾向
- **販売担当者**：大口顧客、常連客の視点で考える傾向
- **経営者**：業界団体、競合他社、親会社、株主を含め広い視点で考える傾向

自社（ブランド）の調査・分析

　与件の整理で、どういった視点から企画立案するべきか全体感が得られたら、自社の現状を調査・分析するフェーズに入る。この時に重要なのは、現状分析に留まらず、自社を取り巻く市場がこれからどう変わっていくのか、といった「変化」に注目することだ。過去からどのように変化し現在に至ったか、それはなぜなのか、未来に向けてどのように変化していくかなどの「動的視点」を持つようにする。

　例えば、3C分析（Customer／Competitor／Company）を行うなら、市場・競合・自社の現状分析に終始せず、過去からの変化に注目することで「差分」を明確にしたい。差分を知ることで、自社には変えることはできない競合の動きをにらみつつ、自社の施策を動的な視点で考えることができる。この動的な視点がダイナミックな企業広報の企画立案へとつながる。

図2　動的視点を持った分析

- **過去**➡市場はこうだった。競合は市場に対してこのようなアプローチを行った（成功した・失敗した）。自社はこのように強みを広報した（成功した・失敗した）
- **現在**➡市場はこのように変化した。競合はこのように市場へのアプローチを変化させている（成功している・失敗している）。自社はこのような広報活動を行った結果（成功している・失敗している）
- **未来**➡市場はきっとこう変化するだろう。競合は恐らくこのように変化していくだろう（成功するだろう・失敗するだろう）。だから自社はこういう広報戦略を展開するのはどうだろうか？（きっと成功する！）

課題を設定する

　市場調査や現状分析で得た「気づき」から「仮説」を立てることで、自社の「課題」を明確にできる。例えば分析から、自社の認知度は高いが、旧来のビジネスモデルで自社が今も想起されていることが分かったとする。「新規事業が知られていないことで革新的なイメージが定着しない

のではないか? 保守的なイメージが先行してしまうのではないか?」と仮説を立ててみよう。すると、「新規事業の認知度を上げ保守的な自社のイメージを革新的に変える。このためのコミュニケーションはどうすれば良いのか?」という解決すべき課題が見えてくる。

この「課題」は分析結果から客観的に導き出せるものでなくてはならない。分析結果にもとづかない「課題」が企画書の途中から突然登場する困ったケースがある。「有名タレントを起用したブランド施策を行うことで、革新的イメージを訴求する」といった分析結果とは直接関係のない手法が突然登場すると前後がつながらなくなるので注意する。

視点2　「コミュニケーション・プラン」のポイント

メディアを通じて態度変容を促す

かつては、広報部門がかかわるコミュニケーション・チャネルはマスメディアが中心だった。パブリシティ、広告、紙媒体など、異なるメディアを組み合わせ、複数の媒体を通じて、より多くの情報を対象者に与えることで、自社（ブランド）の認知拡大、態度変容などを試みた。この「メディアミックス」という手法によるリードの獲得は、現在でもコミュニケーション部門にとっての重要なミッションのひとつだが、一方で、近年では「クロスメディア」という考え方も併せて用いられるようになっている。

メディアミックスが「足し算」の発想であるのに対して、「クロスメディア」はコミュニケーション・チャネル同士の相乗効果を狙う「掛け算」だ。消費者に情報を「伝える」だけでなく、メディアを通じて具体的に消費者の行動を「促す」ことが重要となる（次ページの**図3**）。

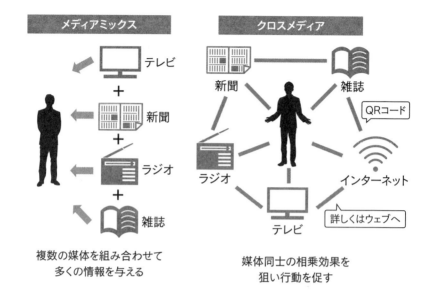

図3　メディアミックスとクロスメディアの比較

メディアミックス

テレビ
＋
新聞
＋
ラジオ
＋
雑誌

複数の媒体を組み合わせて
多くの情報を与える

クロスメディア

新聞
雑誌
QRコード
ラジオ
インターネット
テレビ
詳しくはウェブへ

媒体同士の相乗効果を
狙い行動を促す

目標設定と効果測定

　企業広報の施策は、商品広報とは異なり、売上や販売数など具体的な数値に直結しにくい。従来の広告換算や露出件数など販売促進につながる数値を目標設定しても、あまり現実的とはいえない。企業広報の活動を行った結果、その広報施策に接触した人々（接触群）と触れなかった人々（非接触群）との間には、必ず接触の前後で何らかの態度変容が生じる。数値での目標設定では、この「差分」に注目したい。

　そこで、自社の広報目的と手法に合わせ、3段階で独自の目標設定を行うことを勧めている。「プレ調査」「メディア露出」「態度変容」の3つの数値を整理し、施策実施の「差分」を継続して測定していくことで、施策実施の前と後の「差分」（相対的な効果）を可視化できる。

図4　3段階で独自の目標設定

- **1段階目**：プレ調査（施策前）の実施
  マスメディア等に施策が露出する前に、自社の認知度や好感度などのイメージ調査を行っておく。施策実施後の比較のベースになる調査だ。この事前調査がなければ、実施後にどのくらいの効果があったのか比較ができない。目標設定を行う際は、数値目標（KPI、KGI）を定める
- **2段階目**：露出数と広告換算（施策直後）の算出
  どういう媒体に、どのくらい露出したか。内容はポジティブだったのかネガティブだったのか。フリーパブリシティによる露出量は広報活動のひとつの指標にすぎないが、部門の量的な成果を示す指標のひとつとして「広告換算値」の算出はしておくことが望ましい
- **3段階目**：態度変容を調査（施策の実施後しばらく経って）
  ステークホルダーへのヒアリングや顧客アンケートなどで、企業広報の施策に関する認知度、自社ブランドの好感度、想起率など、コミュニケーションの結果がどのような態度変容を促したか、主に「浸透」と「変化」を確認する

図5　自社独自の数値目標（KGI、KPI）を持つ

例企業名の認知度と企業イメージの向上

「企業ブランドの向上」では単なる努力目標（スローガン）となってしまう。数値化されると具体的な目標になる

❶「認知度（現在15%）➡ 認知度（○年までに20%）」（KPI①）
❷「好意度（現在30%）➡ 好意度（○年までに35%）」（KPI②）
「❶❷を同時に達成すること」＝「ブランド力向上」と仮定する

これをKGIとして目指す

誰に何を伝えるか？　具体的施策

　企業広報において伝えるべき「ブランド価値」については、企画書内で定義して記載しておきたい。これは広報部門だけではなく全社で共有

する事柄でもある。その「ブランド価値」を、どういう「目的」で、誰に対して、どのように「可視化」し伝えていくか、いわゆる「5W2H」の戦略が具体案の骨格である。戦略性が弱いプランニングの場合は、この5W2Hや、コミュニケーションのための「ツール」の使い方などが、「アイデア」レベルの施策が羅列し、骨太の戦略なき施策案に終始してしまう。これには気をつけたい。

図6　企業広報に欠かせない要素

- 伝えるべき企業価値 ➡ 提供できるブランドの価値は何か
- 目的は何か？ ➡ 企業イメージの向上・信頼の醸成など数値で示す
- 誰に伝えるか？ ➡ ステークホルダー（社会全体）、優先すべき対象はどこか
- どう伝えるか？ ➡ コミュニケーション案（5W2H）
- どういう手法で伝えるか？ ➡ 記者会見・プレスリリース・メディアプロモーション（メディアキャラバン）・広告・編集タイアップ等
- どういう媒体か？ ➡ 業界紙・ビジネス誌・ネットニュース・自社媒体

PESOモデルを活用する

　コミュニケーションプランの策定においては、「PESOモデル」を念頭に置くことが重要だ。これは、Paid Media（有料メディア）、Earned Media（獲得メディア）、Shared Media（共有メディア）、Owned Media（所有メディア）の4種類のメディアを効果的に組み合わせ、統合的なコミュニケーション戦略を構築する枠組みのことである。それぞれのメディアタイプの特性を理解し、相互に補完しあいながら全体のバランスを取ることで、強固なコミュニケーションポートフォリオを形成することが可能となる。

　特に重要なのは、4つのメディアタイプが重なり合う部分、すなわち、各メディアの境界が曖昧になり相乗効果を生む部分の戦略である。この相乗効果を最大限に引き出すためには、単に製品やサービスを売り込むという短絡的なストーリー（小さな物語）に留まるのではなく、顧客が

共感し、自らの文脈の中で受け入れやすいナラティブを構築すること（大きな物語）が求められる。つまり、顧客の価値観や現在の社会課題、一般的な関心事とリンクさせることで、ブランドのストーリーをより魅力的に展開することが重要である。

図7　コミュニケーションを最適化しストーリーを展開

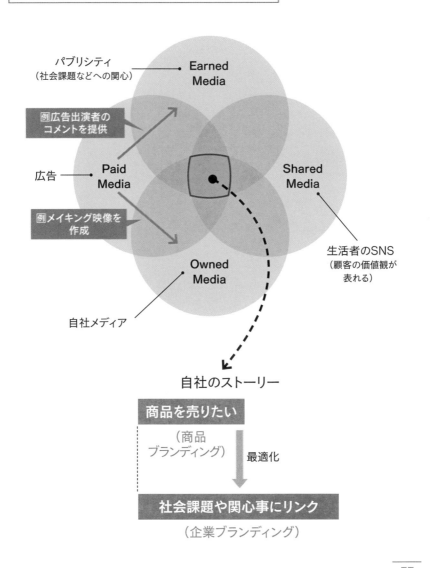

1
2
3
4
5
6
7
8
9
10
COLUMN

例えば、ペイドメディアにおける広告キャンペーンを計画する際には、アーンドメディアでの露出を促進するための戦略を立てる。これには、広告撮影のオフショットや出演者のコメントなどをアーンドメディアであるニュースサイトやソーシャルメディアに提供することが含まれる。さらに、オウンドメディアにおける内容を事前に計画し、その過程で得られるメイキング映像を含めた追加のコンテンツを作成する。これらはすべて、ナラティブを豊かにし、顧客がブランドのストーリーに没入しやすくするための戦略的な動きである。

　このように、PESOモデルを用いて構築されたコミュニケーションプランは、単なる宣伝から一歩進み、顧客が自身の体験や価値観にもとづいてブランドのストーリーを受け入れるナラティブを形成することを目指す。各メディアの利点を活かし、ブランドのメッセージを統一したストーリーとして伝えることで、顧客との深い結びつきを築くことができる。

広報予算と体制

　商品広報に特化したキャンペーン企画の場合には、現実問題として瞬間立ち上げ（ロケットスタート）型での実施が求められることも多い。結果的に広報活動を外注するのであれば、外注費としてその費用は全体予算に上乗せされる。一方で、中長期にわたって企業広報を充実させる場合などは、ハウスエージェンシーとしてPR会社に経営に関するテーマを含め深くコミットしてもらうケースもある。

　企業広報の企画をインハウス（内製）で行うか、アウトソース（外注）すべきかについては難しい問題だが、全体戦略の立案など中枢の作業は、社内横断的にメンバーを募りプロジェクト化し、足りない部分に補助的に外部のリソースを取り入れるなど、中長期視点でのバランスのよいチームビルディングをお勧めしたい。

　創業後間もないベンチャー企業の場合、まず企業名を業界や顧客に知ってもらうことが重要なフェーズでは、社内ノウハウが足りないことも

多く、PR会社に創業時の広報活動を全面的に依頼するように勧める場合もある。

　一方で、企業広報は他社にはない独自の"広報文化"を社の内外に向けて発信していく活動である。いつまでも外部に委託した場合、企画立案のノウハウがなかなか社内に蓄積しない。独自のコーポレートカルチャーを持つ企業は、自社内での戦略立案は欠かせない。どこかのタイミングで、社内で立案作業ができるよう内製化することで、社内で企業広報のノウハウを蓄積していくことが望ましい。

図8　企業広報は長期的視点が望ましい理由

- 具体的な成果がすぐには見えにくいが、一度、理想とする企業イメージが社会に定着すると、その効果は長期にわたって持続される
- 継続的な広報施策の多くは、短期的に中止することの弊害（Sunk Cost、サンクコスト）がある。事前に入念な準備を行うことでリスク回避できる
- 商品広報と異なり企業によっては、施策後の態度変容の可視化が難しい場合もある。顧客の価値観や社会課題、一般的な関心事とリンクしたより長期的なストーリーを構築することで地に足のついた展開が可能になる

企業の「独自性」を見つける
「特徴」との違いは?

　企業広報において、「特徴」と「独自性」の区別は非常に重要である。「特徴」とは企業や商品が持つ識別可能な要素であり、「独自性」は特徴の中でも、新しさや顧客利益、自社の利益に寄与する、新しい価値を生むものである。単に他者と差別化できる「特徴」を持っているだけでは不十分で、その特徴が新たな価値を生む「独自性」が企業広報には求められる。

図1 「特徴」と「独自性」の違い

〈筆者を例とした場合〉

特徴
- PRプロデューサー
- いつも黒系の服を着ている
- メガネをかけている
- 大学で教鞭を執っている
- かなり早口

独自性
- マスメディアとネットメディア／SNSの双方に携わっている
- 広報と広告と双方に携わっている
- メディア／外資企業／NPO／大学広報の全てに携わっている
- エンタメや医療分野の広報実務経験がある

　企業広報の立案をする前に、自社の「特徴」を多数リストアップする作業を行いたい。その上で、自社の「新しさ」や「顧客価値」「自社の利益」にどれだけ寄与するかを検討する。このプロセスによって、「特徴」から「独自性」へと進化させることが可能になる。

図2　独自性を見つける3つの視点

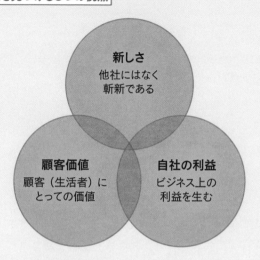

図3　自社の独自性の考え方（一例）

〈自動車部品製造会社の場合〉

特徴

- 創業以来60年間にわたり自動車の部品製造一筋 ➡ 伝統と顧客からの信頼
- 世界中のあらゆる国で製品が使用されている ➡ 広い業界シェア
- 研究開発に力を入れている ➡ 他社にはない特許や技術
- 個性的な社員が多い ➡ 多様なクライアントニーズに対応／誰もが働きやすい環境

⬇ 単なる「特徴」から「独自性」に

独自性

- 60年にわたり部品業界を牽引。創業時から取引がある顧客もいる
- 世界20カ国に自社製品を提供、特定の部品ではトップシェア企業
- ○○の技術で特許を保有している
- 自由に選択できる社員研修制度がある／社内ベンチャー活動を推進

〈ネット系ベンチャー企業の場合〉

特徴
- AIで旅行計画がつくれるアプリを開発 ➡ 新規性
- 月額課金 ➡ 顧客メリット
- 充実したサポート体制 ➡ 顧客メリット
- 元銀行員が起業 ➡ ビジネス上のメリット

⬇ 単なる「特徴」から「独自性」に

独自性
- 50万通りの中から最適な旅程を2分で提供するアプリを開発している
- 月額200円で何度でもシミュレーションできる
- 旅先での緊急時には24時間サポート対応がある
- 大手金融機関が出資している

　この時に、既存の経営理念や過去の成功事例に固執すると、今の時代に適した「独自性」が見逃される可能性がある。経営者や広報担当者が直面している問題は、多くの場合、過去の「独自性」が時代遅れになってしまっていることにある。そのため、一から自社の特徴と独自性を再考していきたい。

図4　陳腐化する「独自性」のブラッシュアップ法（一例）

過去　女性が活躍しやすい企業
　　　現在では珍しくない
⬇
現在　産休・育休が取得しやすい社風
　　　将来的な「独自性」とまではいえない
⬇
将来　休暇・勤務地・勤務日数など働き方を自由に選べる制度
　　　訴求ポイントを明確にすることで陳腐化を避け、独自性を明確にする

　広報戦略を考える際には、「特徴」だけでなく「独自性」に焦点を当てる必要があるが、この点は常に忘れられがちである。そしてその「独自性」は、新しさ、顧客価値、そして自社の利益といった複数の側面から評価される。こうした視点を持つことで、顧客に寄り添った効果的な広報ができるだろう。

成果を
可視化したい!

第5章

パブリシティ活動の
目標設定と効果測定

📝 新商品のパブリシティ活動での目標と効果測定

「広報活動」という言葉の定義は実に難しい。ある人は「コーポレートブランディングを強化するための長期戦略」だと考える。また、ある人は「新商品の売上を上げるためのメディア露出強化」だと考える。もちろん、どちらも間違ってはいない。しかし、どのように「広報活動」を解釈するにしても、必ず誰もが「難しい」と考えているのが、パブリシティ活動の「数値目標の設定」と「効果測定」についてだ。ここでは「新商品のパブリシティ」を題材に広報担当者が企画書を作成する際に欠かせない目標設定と効果測定方法について考えていく。

視点1 「数値目標」を設定する

「数値目標」の項目

　新商品の発売に向け認知度向上や売上拡大を目指しパブリシティ活動を計画するにあたり、数値目標としては図1のような項目が挙げられる。

図1　「数値目標」として想定される項目

1 メディア露出量
　商品に関連する記事の数、メディアでの言及回数など

2 広告換算値（AVE）
　獲得したメディア露出を広告として購入した場合の費用に換算

3 メディアリーチ
　露出が届いた人数（視聴者数・読者数）

4 オンライン指標
　ウェブサイト訪問者数、SNSエンゲージメント（いいね数、シェア数、コメント数）など

5 露出内容の品質評価
　新商品に関するメディア露出の内容の質

1 メディア露出量の目標設定

　広報部門では過去の実績や業界平均を参考にして「数値目標」を設定するのが一般的だ。その上でメディアリストを作成し、短期・中期・長期の段階的な目標を設定する。単なる"理想上の"数値目標ではなく"現実的な"目標の設定を行い、活動開始後は目標達成状況の定期的な確認と見直しを行う。社内チームに目標設定のプロセスに参加してもらい協力を得ることが望ましい。以下に注意すべきポイントを挙げる。

過去の実績や業界平均を参考にする

　過去の自社のパブリシティ活動の成果や、同じ業界の企業が行った類似の広報活動の実績を参考に目標値を設定する。すると、極端に達成困難な数値を設定したり、自社の広報活動の潜在力を過小評価し消極的な数値を目指したりするのを避けられる。

メディアリストの作成

　ターゲットとするメディア（新聞、雑誌、テレビ、ラジオ、オンラインメディアなど）のリストを作成。それぞれのメディアでの目標となる露出数の設定を行う。この時、メディアの規模や対象読者・視聴者層を考慮し、適切な目標値の設定になるようにする。

新商品の特性と市場環境を考慮

　新商品の特性（革新性やニーズ、競合他社との差別化要素など）や市場環境（季節性、トレンド、競合状況など）を考慮することで、現実的かつ達成可能な目標設定につながる。

目標は段階的に設定する

　短期的な目標（1カ月後）、中期的な目標（3カ月後）、長期的な目標（6カ月後～1年後）を設定し段階的な達成を目指すことが望ましい。目標達成の進捗が把握しやすくなり、効果測定や広報戦略の見直しも容易に

なる。無理な目標設定を行うと、チームのモチベーション低下を招き、結果的にプロジェクト自体が失敗に終わることがあるので注意する。また達成状況や市場状況に応じて目標は見直していく必要がある。仮に目標達成がスムーズに進んでいる場合であっても、状況変化に柔軟に対応できることが望ましい。

露出の「質」に考慮する

「（何でもいいから）とにかくメディア露出させたい」と数値目標が独り歩きすると企業ブランドを毀損することにもつながりかねない。「新商品に関する記事の数」「メディアでの言及回数」「オンラインでのシェア回数」などの数値目標だけに終始するのではなく、品質面の目標も設定が必要だ。具体的には、記事の質やメディア露出のポジティブ度、適切なターゲット層にアプローチできたかなどが重要になる。

企業全体のKPIと連動させる

企画書内で設定する広報部門の活動目標は、企業全体のビジネス目標に貢献するKPIと直接関連している必要がある。目標の達成によって企業がどのように成長するのか。この"紐づけ"を企画書の作成時にはしっかり行いたい。単なる「数値目標」ではなく、「意義のある、成長のための」目標であるためにこれは欠かせない。

❷ 広告換算値（AVE）の目標設定

AVEとはメディア露出を、広告として購入した場合の費用に換算する指標を示す。目標金額を設定する際は、過去の実績を参考にし、市場状況や商品特性を考慮し達成可能な目標の設定を行う。以下にポイントを整理する。

マスメディアでの算出

　新聞や雑誌では記事の面積、テレビやラジオでは放送時間を計測することが一般的な換算方法の基本だ。各メディアが設定している広告料金を調べる。例えば新聞や雑誌では、掲載面積やカラムあたりの広告料金を調べる。テレビやラジオでは、放送時間あたりの広告料金を参考にする。測定したメディア露出の大きさ（規模）に対応する広告料金を計算して合計した数字（金額）＝AVEとなる。

ネットメディアでの算出

　メディア露出の規模を測定するには、記事の掲載箇所やバナー広告のサイズ、表示回数などを計測することから始めるのが一般的だ。マスメディアの場合と同様、各ネットメディアが設定する広告料金を調べる。CPM（1000インプレッションあたりの料金）、CPC（クリックあたりの料金）、固定費制など料金体系は様々だが、この測定したメディア露出の規模に対応する広告料金を計算し合計することでAVEが算出される。

AVEの限界を理解する

　AVEは露出量や広告料金にもとづき、広報活動の効果を定量的に評価する指標で、質的な効果（ブランドイメージの向上、ターゲット層への訴求力など）を測定することは難しい。広告出稿（Paid Media）とフリーパブリシティ（Earned Media）という異なるタイプのメディア露出を同じ価値として比較しているという問題点もある。広報活動の目標をAVEだけに依存せず、必ず質的な面での効果も目標設定に加えるよう検討する。AVEの目標設定時には、ターゲット層に届く適切なメディア（アタック）リストを作成することになるが、それぞれのメディアでの個々の目標露出数を設定することが「質」の担保の面でも重要だ。

ビジネス目標に寄与するKPIを設定

　AVEだけでなく、具体的なビジネス目標に寄与するKPIを設定してお

きたい。例えば、ウェブサイトへの流入数やリード獲得数、売上などの指標へと落とし込んで数値目標とすることが考えられる。こうした具体的なKPIは商材や業態によっても異なる。また他部門に対する広報部門の業務の評価にもつながりやすい。

図2　広告換算の問題点

Paid Media（広告出稿）
ある企業が広告費を払い「自社は良い企業だ」と掲載した時の金額

Earned Media（フリーパブリシティ）
メディアがニュース（記事）として「この企業は良い企業だ」と報道してくれた時の記事の価値

？このパブリシティの価値は同じなのか

❸ リーチの目標設定

　メディアリレーション活動で獲得した「露出が届いた人数」（視聴者数・読者数）を目標として設定する。獲得したいターゲット層を明確にした上で、各メディアでの目標露出数の設定を行う。このことで、ターゲット層への適切なアプローチと質的な評価指標の設定が可能になる。

メディアリストの作成と目標露出数の設定

　掲載を望むメディアをリストアップし、各メディアの視聴者数・読者数を調査する。まず、過去の実績や競合分析などから、商品やサービスのターゲット層を明確にした上で、商品広報のために最も効果的なメディアを選定する。次に、どれだけの人数にメッセージを届けたいのかを具体的に決定する。そして、市場規模や競合、商品の特性を考慮し、現実的な数値目標を設定する。最後に、作成したメディアリストにもとづいて、全体の目標人数を達成するために、各メディアで獲得するべき視聴者数・読者数などを割り振っていく。

もっとも広報活動を進めていく中で、媒体選定など戦略の見直しが必要となるケースは多い。具体的には、掲載を想定していたメディアで掲載されなかった場合や、掲載が延期された場合などが考えられる。掲載日の遅れなども含め、数値目標の達成に至らない場合には、戦略全体の見直しや追加施策の検討を早期に行う。

4 オンライン指標の設定

目標設定の際は、具体的（Specific）、測定可能（Measurable）、達成可能（Achievable）、現実的（Realistic）、期限付き（Time-bound）であることが望ましい。オンライン指標を設定する際には、この「SMART原則」にもとづき、ターゲット層とKPIを明確にする。

測定可能な具体的な目標設定

過去のデータなどから、ウェブサイト訪問者数やSNSエンゲージメント（いいね数、シェア数、コメント数）のデータを分析し、傾向や成長率を把握することで、精度の高い目標設定が可能になる。この時、オンライン上でアプローチするユーザー層や、商品やサービスのターゲット層を明確にすることで、効果的なオンライン上の広報活動が立案できる。

特にECなどのオンライン上での広報活動が中心のビジネスモデルの場合は、ウェブサイト訪問者数やSNSエンゲージメントだけではなく、リード獲得数、コンバージョン率、売上なども指標として設定しておきたい。さらに具体的なビジネス目標に貢献するKPI設定が可能になると、結果として、どのようなコンテンツやキャンペーンを実施するか、どのようなチャネルを活用するかなど、デジタルマーケティング活動を展開していく際の重要な意思決定の手助けにもなる。

質と量のバランス

オンライン指標の目標設定の際にも、SNSエンゲージメントやウェブ

サイト訪問者を「数字」として追求するだけでなく、「コンテンツの品質」と「量」の「バランス」はしっかり考慮したい。質の高いコンテンツは、ユーザーの信頼を得られ長期的なエンゲージメントにもつながる（ただし、このパブリシティ活動の「長期的効果」は、広報活動の目標設定や効果測定を行う上では数値化しにくい）。

ターゲット層が複数の場合

　複数のターゲット層がある商品の場合には、セグメントごとに異なる目標設定を行う必要がある。それぞれのターゲットに適したコンテンツ施策を実施することで、各セグメントに対して効果的なアプローチとなる。しかし、私はあまり細かくセグメント分けしすぎることは勧めない。施策から全体感（相乗効果など）が失われ"部分最適化"に留まってしまう失敗を経験してきた。あくまで「バランス重視」でいきたい。

チャネル別の目標設定

　ウェブサイトやSNSに加え、パブリシティ活動に関連した検索エンジン最適化（SEO）や、メールマーケティング、広告など、複数のチャネルを活用したチャネル別の目標設定と、目標達成のための戦略立案が必要だ。私のこれまでの経験上、マーケティング部門に組織が近い広報部門（例えば商品PR部やマーケティングコミュニケーション部）の場合、このあたりの感覚を持ち合わせていることも多いが、管理（経営）部門に近い広報組織の場合（例えば、広報IR部や総務広報部）では、オンライン施策や目標設定に不慣れなことが多い。しっかり準備と対策をしたい。

⑤ 品質の評価

　メディア露出の内容の「質」を評価する際には、以下の点に注意してビジネス目標に直結するKPIの選定を行う。品質評価を怠ると「露出量」

の目標数値が独り歩きして広報活動に弊害が生じることにもつながる。

メディア露出の質を定量化

　メディア露出の質を定量化するために、ポジティブ・ネガティブ度合いを測るスコアや、記事の配置場所に応じた重み付けを設定する。**図3**のように、ポジティブな記事には高いスコアを、ネガティブな記事には低いスコアを付与する。

図3　「ポジティブ・ネガティブ」の度合い（スコア）の設定

❶記事のトーンを評価
　記事のトーンを「ポジティブ」「ニュートラル」「ネガティブ」の3つに分類する。記事の言葉遣いや内容が肯定的か否定的かを判断する

❷トーンに応じたスコア付け
　トーンごとにスコアを割り振る（例えば、ポジティブな記事には＋1、ニュートラルな記事には0、ネガティブな記事には－1）

❸記事の配置場所に応じた重み付け
　記事の掲載場所に応じて重み付けを行う。例えば、大手メディアや業界誌の表紙の掲載には高い重み付けを行う

❹各記事の総合スコアを算出
　トーンのスコアと配置場所の重み付けを掛け合わせた総合スコアを算出（例えば、ポジティブな記事で大手メディアに掲載された場合、スコアが＋1で重みが2の場合、総合スコアは＋2となる）

❺総合スコアの集計
　全記事の総合スコアを集計し合計値をフリーパブリシティ活動の目標設定の指標とする。目標に達しているかを定期的に確認し、活動の調整を行う

センチメント分析の活用

　センチメント分析とはウェブ上に存在する口コミ、SNSの投稿といったテキスト情報から個人の感情を分析する手法のことだ。オンラインメディアやSNSにおける、新商品に関するテキスト情報から、ポジティブ・ネガティブ度合いを自動的に分析する。センチメント分析ツールを活

用することで、大量のデータから効率的に情報を抽出できる。

優先したい目標を選択

　目標となるKPI選定には、記事のトーンスコア合計（ポジティブ・ネガティブ度合いのスコアを合計）、記事の配置場所の重み付けスコア合計、主要メディアの取り上げ率（ターゲットとする主要メディアでの取り上げ率を計測し、一定期間内で目標値を設定）などを検討する。

　全ての数値を使いきって目標設定を行う必要はない。広報活動を行う上で自分たちが優先したい目標を選択し活用する。選定したKPIを達成するために、どのようなコンテンツやキャンペーンを展開し、どのようなメディアリレーション活動を行うか、具体的な戦略立案へとつなげていく。一定期間内での目標値を設定し、選択したKPIとビジネス目標の整合性を確認して、必要に応じて調整を行う。ビジネス目標との整合性が高いほど、広報活動の効果が明確になる。

クオリティとカバレッジのバランス

　記事の質だけでなく、メディアのカバレッジ（露出範囲）も考慮に入れる。広範囲のメディアでポジティブな評価を獲得することが、新商品の認知度向上と信頼性の向上につながる。

視点2　広報経験レベル別「効果測定」のポイント

効果測定の指標もレベルアップしていこう

　広報活動が結果を出しているかどうか、その証拠が「効果指標」である。しかし、この指標の選定と評価は容易な作業ではなく、多くの広報担当者がこの点で頭を悩ませている。広報担当者の経験レベルに応じた効果指標の設定と評価方法について考えたい。

図4　広報経験レベル別「効果測定」のアプローチ

● 入門レベル（習慣づけの初歩）

目的：基本的なレポーティングの習慣づけ

主な指標：掲載結果の共有、掲載数

特徴：目的や指標が明確に定められていない場合が多い

指標が未確定でも大丈夫

　入門レベルでは、掲載結果の共有や掲載数といった基本的な指標から出発する。ポイントは、新任担当者や兼務の未経験者であればあるほど、まずは「習慣づけ」に焦点を当てるべきである。意外と見落とされがちなのが、この習慣づけの重要性だ。形式が整っていなくても、まずは手段を問わずデータを共有する習慣をつけることが先決である

● 初級レベル（定量的な評価の基礎）

目的：一般的なレポート作成

主な指標：掲載数、AVE

特徴：エクセルなどでの集計・管理が始まる

データの管理は広報の新たな武器

　初級レベルで重要なのは、エクセル等で掲載数やAVEといった数字をしっかりと管理する習慣をつけることだ。2〜3年目くらいの広報担当者がこのデータ管理に長けることは、後々の広報活動で大いに役立つ。数値にもとづいたレポートが作成できるようになると、そのデータは貴重な資産となる

● 中級レベル（質的な評価への移行）

目的：複合指標の導入、質的な評価

主な指標：重要メディアの露出数、SNSの波及効果、リーチ数

特徴：売上データとの相関分析が行われる

定量だけでは語れない「質」

　中級レベルでは、定量的な指標に加えて「質的な指標」も考慮に入れるべきである。例えば、SNSの波及効果や特定メディアでの露出度など、数字だけでは測れない「影響力」を評価する方法を模索すべきだ。これにより、単

なる「数」以上の価値を広報活動に見いだせる。5年目以上の広報専任の担当者は「質」にも十分こだわった効果測定を心がけたい

●応用レベル（独自指標と持続可能な運用）

目的：独自の効果指標の設定、持続可能な運用
主な指標：自社の目的と状況に合わせた独自の指標
特徴：プロセスの数値化と見える化、次回活動の参考資料となる

指標設定の究極形

応用レベルでは、独自の効果指標を設定し、持続可能な運用を考える。ここでは、広報活動そのものがビジネスにどれだけ貢献しているかを詳細に解析する。そのためには、広報活動のプロセス自体もKPI化するなど、より高度な評価方法が求められる

広報活動の効果指標は、担当者の経験レベルによって異なるアプローチが必要である。そしてその指標は、ただの「数値」以上のものでなければならない。各レベルでの自分の挑戦とその克服が、最終的には広報活動を成熟させ、組織全体のコミュニケーション力を成長させる。

視点3 収集したデータの分析

効果測定で想定されるデータ分析

目標設定と効果測定は相互に影響し合う。効果測定の結果をもとに戦略の改善や目標設定の見直しが行われることになる。ここからは、収集したデータの分析に関して「時系列分析」「イベント前後分析」「コンペティター分析」「クロスチャネル分析」について見ていく。

時系列分析

広報活動開始前後で各指標の変化を比較し、効果を測定する。ベース

ラインとして、広報活動開始前の各指標（メディア露出量、リーチ、オンライン指標など目的に応じて選定）を把握し、広報活動開始前、開始後、および活動終了後に定期的にデータを収集して指標の比較・分析を行う。一つの指標だけでなく、複数の指標（露出量、ターゲットへのリーチ、オンライン指標など）を併用し、総合的な効果を評価するようにしたい。測定期間は、短期でも長期でも構わないが、目標達成や効果測定のために適切な期間を設定する（比較期間を短く設定したため、広報活動の前後の「差分」が大きく表れずに、結局比較にならないことがある）。あらかじめ決めたタイミングで分析することも重要だが、市場環境や競合状況の変化に応じて柔軟に測定タイミングを変更することも必要になる。

イベント前後分析

イベントの前後で関連指標の変化を短期間で比較・分析し効果測定を行う。時系列分析の一種。イベント開始前の各指標（売上、来場者数、オンライン指標など）を把握しベースラインとして設定する。イベント期間が短い場合も、期間中の変化に注意を払い正確に把握する。

コンペティター分析

競合企業と自社の広報（フリーパブリシティ）活動について、共通の指標を用いて比較し自社の市場での立ち位置を確認する。競合企業との相対的な強みや弱みを把握することで、今後の立案に向け効果的なアクションプランを立てていく。競合企業の選定では、間接的な競合や新規参入企業も含めることで、より広い視野での分析ができる。指標はメディア露出量、AVE、リーチ、オンライン指標など、業界や目的に応じて適切なものを選定する。数値データだけでなく、競合企業のメッセージやターゲット層へのアプローチ方法など、定性的な側面の分析も行う。競合企業の優れたフリーパブリシティ活動を参考にし、自社の活動に取り入れることで、効果的な戦略立案が行える。ただし、単純に「同じこ

と」を行うのではなく、自社の状況に合わせて、どのようにカスタマイズ（差別化）するかを考えることが肝要。

図5　定性的な競合分析を行う方法

1 コンテンツ分析
　競合企業が公開している広報資料やウェブサイトのコンテンツを分析し、メッセージやターゲット層へのアプローチ方法などの特徴を抽出する

2 インタビュー調査
　競合企業の従業員や顧客、業界専門家などにインタビュー調査を行い、競合企業の戦略やアプローチ方法などを調査する

3 エスノグラフィー
　競合企業の顧客などに、直接、競合企業の広報活動やメディア露出に関する感想やイメージなどについて直接インタビューする（競合情報の収集や、分析後の施策で、倫理的な問題や、競合企業の商標・著作権に関する法的な問題が生じないよう十分に配慮する）

4 マーケットリサーチ
　定量的なアンケート調査やフィールド調査を実施し、競合企業の製品やサービスの特徴や評価、ターゲット層などを調査する

5 SNS分析
　競合企業がSNSで発信する情報を分析。反応や影響力などを調査

クロスチャネル分析

　マスメディアとオンラインメディアの指標を統合して総合的な広報効果の評価を行う。マスメディアとオンラインメディアで、それぞれ特性やターゲット層が異なるため、例えば、リーチやインプレッション数など、両メディアにおいて測定が可能な指標を用いて評価を行う。またデータ収集の手法や期間を統一し正確な比較ができるようにする。例えば、AVEと売上の関係や、SNSのシェア数とウェブサイトへの流入数の関係など、分析目的を明確にした上で、分析に使用するデータの収集を行う。収集したデータを、相関分析が行いやすいように（同じ期間での比較のために）日別や週別、月別などにまとめ、相関性の確認を行う。この時、

相関係数が高い場合も因果関係があるとは限らないため注意が必要。

　効果の相関分析を用いて広報活動のデータを分析することで、広報活動と目標達成との関係性を明らかにしたり、広報活動のリソースの最適な配分を図ったりすることができる。またマスメディアとオンラインメディアの間でどのような相互作用があるのかを理解することも重要だ。例えば、マスメディアの露出がオンラインメディアのエンゲージメントに影響を与える場合がある。相互作用を把握し、効果的なマルチチャネル戦略を立案していく。

図6　テレビパブリシティとウェブサイトへの流入数の関係性の例

- ● 指標の設定
  - テレビパブリシティの指標：放送時間などをもとにしたAVEなど
  - オンラインメディアの指標：ウェブサイトへの流入数、記事の閲覧数など
- ● 相関分析
  - 同じ期間のデータを比較するために、日別や週別、月別などのまとめ方でデータを整理し相関係数を計算する
  - ➡ 相関性が高い場合、マスメディアとオンラインメディア間に強い関係性があることが考えられる
- ● 分析結果をもとに、広報戦略の見直しや予算配分の最適化を行う

ESG・サステナビリティに
関連した広報で
信頼性を高めたい！

第6章

「共創」の座組みを
戦略的に構築
パートナーシップ広報の企画

この章で分かること

☑ 共創の座組みづくり
☑ パーパス重視のストーリーづくり
☑ 共同でプレスリリースを行う方法

✍ サステナ発信は「パートナーシップ広報」と相性が良い

　この数年で多くの企業が「持続可能社会」や「ESG（環境・社会・管理体制）」というキーワードを経営の一環としてうたうようになった。近年では脱プラスチック化やカーボン・ニュートラルといった環境問題や労働者の待遇改善、ダイバーシティ推進など、企業姿勢が重視されるようになり、環境・社会課題の解決と経済成長の両立を目指した取り組みについての広報活動も行われている。

　一方で「自社ならではの広報活動ができていない」「長年取り組んできたCSR活動と何が違うのか?」「以前ほどSDGsの話題が広がらない。メディアに取り上げられにくくなった」といった声も耳にする。こうした相談に対し、私は「パートナーシップ広報」という言葉を使い、「共創」を意識したコミュニケーション活動を取り入れたらどうかと提案させてもらうことがある。この章ではサステナビリティに関連した広報を発展させる上で効果的な「パートナーシップ広報」の企画について考えていく。

視点1　これまでのCSR活動との違い

時代と共に変化した企業コミュニケーション

　社会性の高い広報企画をするにあたり、「与件整理」をしておきたいのは、「CSRからCSVへ」という企業コミュニケーションの大きな流れだ。近年では「企業の社会的責任」（CSR）に加え「共通価値の創造＝共創」（CSV）という考えが一般的になった。ここがしっかり整理されているかどうかで、企画書の説得力が大きく変わる。

図1　CSR、そして共創（CSV）へ

CSR (Corporate Social Responsibility)

- 善いことを任意（善意）で行う
- 社会的責任を求める社会圧力への対応
- CSR予算の範囲内で実施

CSV (Creating Shared Value)

- 社会との共創で企業の競争力を高める
- 社会的利益と企業利益を生み出す
- 企業予算全体の中で最適化

　かつて（1960～70年代）は公害問題などがあり、企業の利益と社会の課題とは大きく対峙していたが、やがて社会からの批判を受け入れ、積極的に社会的責任（CSR）を負うに至った。企業が「社会的コスト」として社会に還元することで、社会の一員としての役割を果たすようになっていった。

　ただ、こうした流れはあくまで「社会との対立を避けたい」「市民と良好な関係を築きたい」「企業イメージを向上させたい」といった経営方針によるものであり「コスト」と見なされるのが普通だった。そしてCSR担当者の思いとは別に業績が良ければ予算は増額され、業績が下がるとCSR予算は削減されるなど、継続性という視点から新たな課題が生じていた。

　そして1995年の阪神・淡路大震災、2011年の東日本大震災と、二度の大きな災害が起き、事業を通じて社会の役に立とうとするCSVという考え方が広がり、これと並行して企業が自社以外のパートナー団体と共に新たな社会価値を生み出していく「共創」が注目されるようになった。

　サステナビリティに関連する広報活動を行う際には、既存のCSR活動との違いを明確にし、これまで自社が行ってきたコミュニケーション活動と、社会全体の変化を踏まえておくことが重要だ。

「共創」とは単に「生活者の意見を聞き、共に商品を創る」という意味だけではない。「生活者とともに新しい価値（ライフスタイル）を創る」ことが自社の「本業の一環」であること。その点がCSR活動とは決定的に違う。これまでのような「（社会的）コスト」ではなく「（企業利益のための）投資」であることを、まず社内によく理解してもらう必要がある。

図2　企業利益のための投資であるCSV活動

企業にとってプロフィット（利益）を生む活動

- 企業利益の追求のための欠かせない活動
- コストに見合った「社会的利益」と「企業利益」を生み出すこと
- 企業の「本業」を通じてのWin-Winの活動
- 企業利益の還元ではなく「事業予算」としてPL管理を行う

「守り」ではなく「攻め」（チャレンジ）の活動となる

視点2　「共創」の座組みづくり

パートナーシップで社会課題を解決

あらゆる「モノ」が常用品となった今日では、市場調査だけでは捉えきれない新たな需要を生活者とつくっていく必要がある。最近は商品コンセプトの検討段階から消費者やNPO団体と「社会課題の解決」を目指した共同開発が行われている。そして広報部門が行うコミュニケーション活動においても同様の変化が起きている。

これまでは、企業内で情報の収集・分析・整理を行い、外部メディアを通じて社会に情報発信を行ってきた。今後は、共創の視点を取り入れることで、生活者やNPOなどとの日常的な関係性の中で、社会的課題の解決を実現するパートナーシップ活動がさらに増えていく。企業のコミ

ュニケーション部門には、こうした共創活動の場（座組み）を自ら構築しマネジメントしていく戦略的な「パートナーシップ広報」が望まれている。

大きな物語（社会的課題）の発見

パートナーシップ広報で難しいのは、多くの類似した共創活動が存在する中で、自社とパートナー企業との取り組みをどうやって「差別化」し、社会に広く伝えていくかだ。「差別化」という点からも、NPOや教育機関などの非営利領域のパートナー団体と協力関係を結んだ共創活動が注目されている。

社会課題を解決することを目的として活動している非営利組織とWin-Winの関係を築くためには、自社にとってのメリットを最適な広報ストーリー（小さな物語）として創出するだけではなく、パートナー団体と共に解決していく共通の課題の設定（大きな物語）が必要となる。パートナーとの「共通価値の創造」（共通の社会課題を解決する）という視点がパートナーシップ広報上の最大の差別化のポイントとなる。

図3 「大きな物語」の発見と「小さな物語」の実現

大きな物語（社会的課題）の発見と解決策の創出

- 社会的課題は何か？（課題の設定）
- 課題解決のためのアイデアを広く募集
- ワーキンググループやネットワークなどの活用

小さな物語（事業施策）の実現

- 外部のアイデア・技術の選択とブラッシュアップ
- 事業化・PL管理・組織マネジメント
- 商品・サービス・事業の拡大と情報発信

ここで言う、「大きな物語」とは、広報戦略において、企業や団体が解決を目指す社会的課題やビジョンを指す。企業の存在意義（パーパス）

に直接かかわり、多くのステークホルダーに影響を与える。例えば、環境問題の解決や地域社会への貢献などがこれに該当する。最近では、企業がNPOや教育機関と協力して社会課題に取り組む「共創」の活動が盛んに行われており、これが「大きな物語」の一部となる。

　一方で「小さな物語」とは、企業がその活動において得る具体的なメリットや製品・サービスの特長を中心にした話である。これは主に企業の商業的成功に貢献する要素であり、ターゲットとする消費者に直接的な価値を提供する。例えば、新製品の特長やサービスの便益などが「小さな物語」に該当する。

「大きな物語」と「小さな物語」の統合

「大きな物語」は広報活動の方向性を決定付け、企業の社会的責任と連携する。一方、「小さな物語」は短期的な商業的成功を追求し、顧客に対する直接的な価値を強調する。両者は独立しているように見えるが、効果的な広報戦略ではこれらをうまく統合する必要がある。例えば、企業が環境保護に取り組む場合、その活動は社会全体に対する企業の社会的責任としての側面（大きな物語）と、環境に配慮した製品やサービスが顧客にもたらす具体的な利点や体験（小さな物語）を同時に考慮する必要がある。このようにして、企業は社会的価値と商業的価値を同時に提供できる。

　パートナーシップ広報においては、NPOとの共創活動を通じて社会的課題（大きな物語）を解決することと、その活動が企業にもたらすメリット（小さな物語）を明確にする。これによって、企業は社会的な価値と商業的な価値を同時に高め、類似した共創活動との差別化を図ることができる。広報部門は、自分たちの共創が社会問題を解決する上でのパフォーマンスが高いこと、また自社独自の「強み」を活かした活動であることを広く示していきたい。自社の「強み」によって社会的な課題を解決すると同時に、共創によって企業収益にも直結していることを社内外に示していく必要がある。

視点3 ストーリーの可視化

「パーパス」重視のストーリーづくり

　これまで「株主利益優先」が企業にとっては当然のことと考えられてきたが、企業の目的は「利益を生むこと」であるとともに「社会的責任を果たすこと」だと、価値観はすでに変わりつつある。経営自体が「パーパス（社会における存在意義）」重視の視点に立たない限り、今後商品の差別化はもとより企業の存続そのものが成り立たなくなるだろう。

　これまでペルソナ設定など、消費者を特定し、消費者「個人」の持つ価値観を軸に、これに見合った顧客メリットの訴求を行ってきた。そして広報担当者は自社や自社商品の強みやスペックを伝えようと必死に努めてきた。しかし、今ではいかに現代社会にとって自社の製品は存在価値があるのか、大きな物語を提示しなくてはならない。生活者に望まれて生み出されたモノなのか。生活者目線でパーパスをストーリー化する上で、パートナー団体との共創が果たす役割は大きい。

図4　パートナーシップ広報「ストーリーづくり」の例

❶社会課題の解決（パーパス）に向けたパートナーシップを締結、サービス・商品の企画立案

❷地域に密着したパートナーシップの形成。地元特産品を用いた商品をパートナー企業・人・学校などと共同開発。その土地独自の課題に対する新たな気づきなど「共感」の醸成

❸若者や子ども、社会的弱者、困っている人を支援するため企業と地域がパートナーシップによる「社会的正義」を実現

❹目新しいユニークな発明・発見、社会に役立つ "初" のチャレンジを、企業コラボによって実現。現代社会の「閉塞感を打破」

単なる「変わったコラボ」になっていないか

　よく経営者やコミュニケーション部門の方から、自社がパートナー団体と行っている社会的な取り組みについて説明を受けることがある。ただ残念なことにそのパートナーシップが具体的にどういった社会的意義や目的があるのか、生活者や社会をどのように具体的な「幸せ」に導くのか、Social Goodの視点がまとまっておらず、よく理解できないことがある。

　恐らく、この状態だとメディアに対して積極的なアプローチを行っても、メディアがこの取り組みについて大きく取り上げる可能性は低い。なぜなら、すでに多くの企業がSDGsを経営の一環として共創活動を行っていて、各社が自社のSNSの公式アカウント、オウンドメディアを通じて情報発信をしているからだ。

「社会的意義」が明確でない広報ストーリーは、いくら「面白い（奇抜な）」取り組みであっても、多くの視聴者・読者に向けて報道することはできない。単なる「変わったコラボ」というのも同様だ。大量のプロモーション情報に単に「面白い／珍しい」だけの取り組みでは埋もれてしまう。

社会的意義を明確にした共創

　自社が単独で活動を行う場合に比べ、社会課題の発見と解決は、パートナー団体との共創活動によってより効果的に可能になる。単に資金提供を行うなどの寄付活動とは異なり、自社の本業と直結した「強み」を活かすことで、共創事業は自社の独自性を引き立たせ本業の利益へと直接的につながっていく。

　では、社会課題の発見から解決策の具現化に至るまでの一連の流れを企画書上でどのように「見える化」（可視化・具現化）していけるのか。ここからは企業と医療支援団体とのシンプルな共創活動のケースを想定し考えたい。

医療支援団体との共創を例に

日本には社会的弱者の医療支援を行う団体がいくつも存在する。こうした団体では夏の炎天下でひとり暮らしの高齢者が自宅で熱中症にならないための予防策の啓発や飲料水の提供を社会正義の立場から行っている。こうした社会課題への"気づき"がパートナーシップ広報を行う上での第一歩となる（**1社会課題の発見**）。

仮に自社が「清涼飲料水」「医療用品」などの熱中症対策に欠かせない商品サービスの提供企業の場合、身近な「社会課題」に担当者が興味を持ち、自社の「強み」を活かすことで課題を解決し同時に広報活動に活かしていけないだろうかと考える（**2課題解決に自社が関与できるか精査**）。

広報部門は、自社の「本業」にあたる商品開発や販売などと連携し「社会的弱者の熱中症対策」（大きい目標）を解決するための場を、社内で設けるように勧める。熱中症予防に効果的な商品の開発や高齢者向けのスポーツ飲料の販売予定があるかどうかなどを確認（**3本業として連携**）。

自社だけではなく、他社や業界団体、NPOなどの非営利組織を巻き込んだ行動で、より効果的に大きな活動へと膨らませることはできないか、そのような「座組み」を組めないか、そのための筋道を考える。そして、ひとり暮らしの高齢者を定期的に訪問している団体とのパートナーシップを行うことに（**4課題解決のための「座組み」の可能性を探る**）。

具体的にどういった協力が可能か。どういう調整が必要か。資金はどのくらい必要かを検討する（**5具体化**）。

「高齢者の熱中症対策」がより効果的に行えるためのワーキンググループやネットワークを稼働。啓発活動や告知活動についてパートナー団体と共同で検討していく（**6パートナーシップ広報の企画立案**）。

共同リリースの発行や具体的なメディアリレーション活動を通じて自社だけではリーチできないメディアへアプローチ。より多くの人たちに活動内容を知ってもらうための露出拡大の施策を展開する（**7パートナーシップ広報の実践**）。

与件整理

❶ひとり暮らしの高齢者が自宅で熱中症になる恐れがある（気づき）

❷自社ビジネスの中核（本業）とのかかわりを精査

❸本業の中核リソース（既存商品、研究開発、流通、人材、施設等）を活用して、生活者とともに課題解決ができないか（課題解決）

具体的活動

❹同じ理念を持つパートナー企業や団体はないだろうか？　具体的にどういった分野で協力可能か？　具体的にどう支援するのか？（可視化）

❺商品のストック、定期的な提供のためコンソーシアムの設立、普及と啓発のためシンポジウム開催などの形で実施できないか等（具現化）

コミュニケーション

❻パートナー団体との取り組みを生活者に広く発信してもらえる方法（メディア）は何か？

❼自社だけではリーチできないメディアなどに対してパートナー団体からコミュニケーションはできないだろうか？

持続性／仕組みづくり

❽パートナーシップの振り返り（評価）と今後の継続のために必要なリソースの確認

視点4　共同でプレスリリースを行う

話題性を獲得しやすい

　企業がNPOや行政機関などとの共同活動について双方で協力してプレスリリースを発行することを「共同リリース」と呼ぶ。共同リリースの目的は様々だ。Social Goodについて自社が単独でプレスリリースを行うと、どんなに活動が社会的に良い活動であっても客観的な視点の弱い「手前味噌」の印象になりやすい。

　一方、パートナー団体との共同リリースの場合、単独リリースに比べ「オフィシャル」な印象を持ってもらうことができる。さらに意外なコラボレーションなど、共創活動の取り組みの独自性が高い場合、自社単独でプレスリリースを発行するよりも多くの場合「話題性」を獲得しやすくなる。「共同リリース」には2つの異なるタイプのリリースがある。それぞれを「連名リリース」「同時リリース」と呼ぶ。両者の違いを明確にしたい。

図6　共同リリース（パートナー団体と共同で行うリリース）のメリット

- 話題性を生みやすい
- オフィシャル感を醸し出す
- 情報の信頼性
- コ・ブランディング（co-branding）によるイメージアップ

図7　2タイプある共同リリース

連名リリース

　「同じ文面」のプレスリリースを「連名」で配信する

同時リリース

　「異なる文面」のプレスリリースを「同時」に配信する

　「連名リリース」はプレスリリースの文面を両団体で調整し完成させる。発行主を「連名」としてリリースするが、どちらの団体名を先に記載するかなどは事前に決めておくと良い。

　一方、「同時リリース」は、各団体がそれぞれ自分たちの発行するリリース文を独自に作成する。ドラフト完成後、事前に双方が文面を交換し内容確認を行い同じタイミングで別々にリリースを発行する。一般的には連名リリースは同時リリースよりも "コラボ感" は強いが立場の異なるパートナー団体と「同じ文面」でリリースするための調整に手間がかかるなどの難点もある。

連名リリースの場合

　連名リリースは、双方がプレスリリース配信の主体となるためリリース配信の直前までそれぞれの内部調整に手間がかかることが多い。リリース文を作成し相互に確認する際にも、ちょっとした言葉遣いなどニュアンスの違いから、配信内容やプロジェクトそのものについて双方のスタンスの違いや温度差などが生じることも、これまでの経験上多くあった。このあたりの"ツメ"には広報担当者として十分に注意を払い、余裕をもったリリース配信のスケジュールを組みたい。

図8　連名リリースの注意ポイント

- 同じリリース文を連名で配信すること（連名リリース）への合意
- どちらがドラフトを作成するか
- どちらの名前が先となるのか
- リリース文の「内容」「使用する用語」「文体」「ひな形」等の確認
- 配信システム、配信先などオペレーションの調整
- 配信日時の確認
- 問い合わせ先、Q&Aの確認

同時リリースの場合

　同時リリースは連名リリースとは異なり、異なる文面の配信を団体ごとに行い、同じタイミング（原則は同時刻）で配信することが基本だ。このため、各団体でドラフトを作成しパートナー団体と相互に内容を確認することになる。異なる文面であることが前提となるため、多くの場合、パートナー団体の発行するリリースについては「ネガティブチェック」程度の確認になることが実際には多い。このため、自社側の独自の見解をリリースしたい場合や、パートナー団体とは広報活動の対象が異なる場合などには有効だ。

図9　同時リリースの注意ポイント

- 異なる文面のリリースを同時に配信すること（同時リリース）への同意
- ドラフトを双方が交換し確認（多くの場合は「ネガティブチェック」のみ行う）
- 双方の配信方法、配信先などの確認
- 配信時間の確認
- 配信先からの問い合わせがあれば、原則は配信した側が対応する
- パートナーに関する問い合わせがあった場合の連絡体制の確認

ベンチャー企業と国際的NGOとの共同リリースを例に

　まだ創業間もないベンチャー企業が世界的に有名なNGOとパートナーシップを結び共同リリースを発行するケースを想定して考えてみよう。

図10　連名リリースのメリットと課題（例）

自社のメリット

1. 世界的に有名なNGOとの連名リリースにより自社の社会（公益）性、信頼性を訴求できる
2. 自社単独では話題になりにくいが、世界的に有名なNGOとの「コラボ感」を出せば大きな話題になりやすい

自社の課題

1. 自社にとっては優先度の高いプロジェクトだが、NGO側にとっての優先度はそれほど高くない。「連名リリース」としての発行の意義は相手側にとっては高くない
2. 相手は他団体とも類似したプロジェクトの共同リリースを過去に行っている。メディアにとってどの程度の新規性があるのか分からない
3. パートナー団体との文面の事前調整など交渉が複雑
4. リリースに関する条件ではNGO側の様々な規定や事情を優先させなくてはならない
5. リリース後のメディア対応など自社のみではなくパートナー団体と都度確認が必要

図11　同時リリースのメリットと課題（例）

自社のメリット

❶単独で文面を作成できるため、自分たちの訴求ポイントにフォーカスできる。相手側と細かい文面調整は不要

❷自社にとっての重要プロジェクトとして独自のメディアリレーション展開がしやすい

❸相手側の広報活動が縮小され、プレスリリースが配信されないことになった場合にも、自社による単独リリースとして配信が可能

自社の課題

❶パートナー団体との「コラボ感」は薄まるため、話題性、公益性、信頼性など求めていた当初のパブリシティの効果は弱くなる

❷自社が発行するリリースに対して、相手の力を借りず独自の広報活動を強化しなくてはならない

　ベンチャー企業側としては、世界的に有名なNGOとの共同リリースにより、知名度や公益性の高い国際NGOとコラボレーションして行う活動を社会に広く知ってもらい、自社の知名度向上と共創事業の担い手としてブランドの信頼性の向上を狙いたい。

視点5　パートナーシップ広報における「企画力」

商品企画の初期から共創による価値を加える

　旧来、広報部門の役割は、すでに決まった商品をいかに多くの人に知ってもらうかだった。そこには、自社製品に対して「新たな価値」を加えるという発想は弱かった。しかし今日では企業も商品・サービスも、社会に存在する「パーパス（目的）」が問われる時代となった。広報担当

者はソーシャル視点から、企業が存在し、商品を生み出すことの社会的な背景や社会に果たす役割などについて「ストーリー」を創造し価値を付加していかねばならない。こうした需要創出活動は自社だけでなしうるものではなく、パートナー企業やNPOをはじめ、それらの活動を支援する多くの生活者との共創を通じて実現することができる。

　長期にわたって信頼される（生活者に選択してもらえる）ブランドとして存続し続けるためには、商品自体の企画・開発の初期段階から、サステナビリティ経営、ESG経営に対する社会（投資家、生活者、メディア関係者）からの要請をインプットできる状態が望ましく、実現できれば広報部門が主体となってサステナビリティ経営を実践できる。

商品広報の情報設計の変化

　また、メディアが話題を取り上げる際の判断の決め手となるネタの強さ（質）も徐々に変わってきている。かつては「パブネタ」としてのインパクトを高めるために、商品とは関係のない著名人を商品発表会のゲストに起用してトークショーなどを行うことで、広義の「画づくり」を行うことが頻繁にあった。しかし、現在では、消費者の社会課題に対する意識の高まりから、これまで以上に「社会課題の解決」「ライフスタイルの提案」といった共感とエンゲージメントが求められている。このため心の結びつきの背景となる社会テーマと広報ストーリーが重視されるようになった。

　こうした社会テーマはとても重要ではあるが、多くの読者や視聴者を惹きつけるかどうかとはまた別の話だ。一般的に広報ストーリーは内容が高度（高尚）になれば「人を選ぶ」ことになり、社会全体へのリード（浸透）は低くなる。そのため、テーマとの相性が良い専門メディア・業界メディアや、テーマに関心の高い専門家・インフルエンサーなどが重視されるようになってきた。相性の良い情報発信者が初期段階の "火種" となり、ここを起因とする情報流通が始まり、結果としてマスメディアへの再拡大につながる流れだ。

図12　旧来型の商品発表会からの広がり（悪い例）

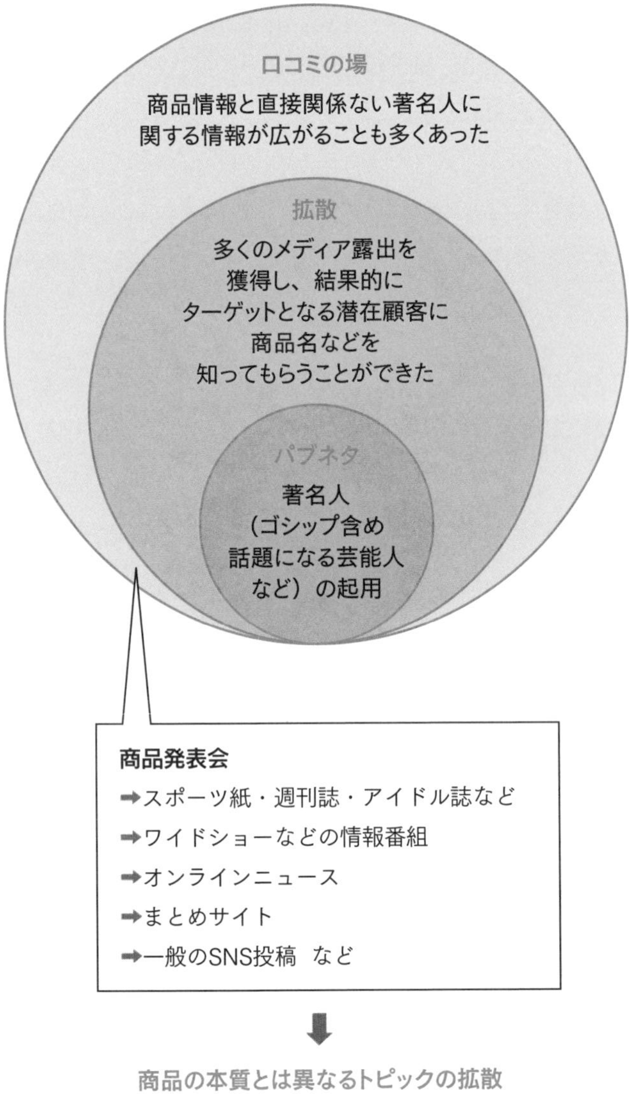

口コミの場

商品情報と直接関係ない著名人に
関する情報が広がることも多くあった

拡散

多くのメディア露出を
獲得し、結果的に
ターゲットとなる潜在顧客に
商品名などを
知ってもらうことができた

パブネタ

著名人
（ゴシップ含め
話題になる芸能人
など）の起用

商品発表会

➡スポーツ紙・週刊誌・アイドル誌など

➡ワイドショーなどの情報番組

➡オンラインニュース

➡まとめサイト

➡一般のSNS投稿　など

商品の本質とは異なるトピックの拡散

図13　ESG・サステナビリティ経営時代の商品発表会からの広がり（良い例）

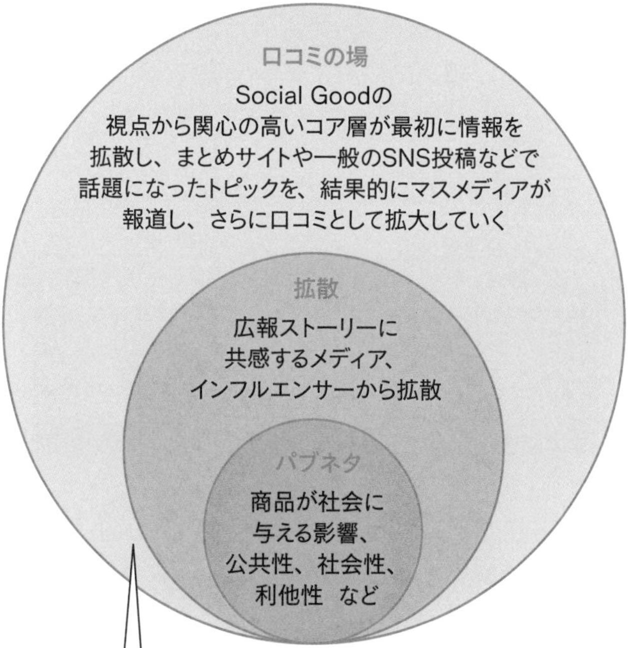

口コミの場

Social Goodの
視点から関心の高いコア層が最初に情報を
拡散し、まとめサイトや一般のSNS投稿などで
話題になったトピックを、結果的にマスメディアが
報道し、さらに口コミとして拡大していく

拡散

広報ストーリーに
共感するメディア、
インフルエンサーから拡散

パブネタ

商品が社会に
与える影響、
公共性、社会性、
利他性　など

商品発表会

➡商品の広報ストーリー（社会テーマ）を
　深く扱う専門・業界メディア（ネット系
　メディア含む）

➡商品のストーリーに関心の高い著名人や
　インフルエンサー

➡オンラインニュース

➡まとめサイト

➡一般のSNS投稿

➡スポーツ紙・ワイドショーなど情報番組
　（ネット情報が情報源）

➡さらにSNS投稿　など

サステナビリティ経営のさらなる浸透を踏まえて、今後、広報担当者が備えるべきことは、①社会性の高い広報ストーリーの視点を持つこと②ストーリーを構築するためのコラボレーション体制を確立すること③情報流通構造の初期段階での社会全体に対する働きかけ④自社の理念に共感するステークホルダーの開拓だと考えられる。

図14　社会課題の解決から広報ストーリーへの展開

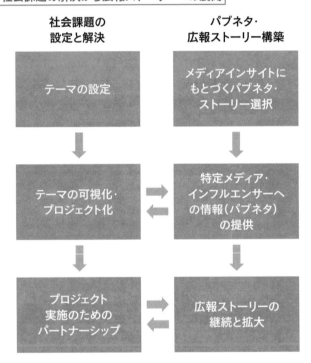

想起率を高めたい！
ファンを増やしたい！

第7章

著名人、
インフルエンサーを活用した
「口コミ創出」のための企画

✍ 広報活動において著名人、インフルエンサーを起用するには

　経営者から自社のコミュニケーション活動で「著名人」を起用したいという相談を受けることは多い。この手法は大企業から中小企業、さらにはNPOなどの非営利団体においても広く採用されている。著名人のカテゴリーも多様であり、アイドルグループやミュージシャンなどのタレント業の方から、作家、大学教授、医師などの文化人領域の方まで幅広い。最近では、従来の「著名人」とは異なる「インフルエンサー」との関係構築も多くの企業から要望されている。

　しかし、このような広報戦略にはリスクも伴う。著名人やタレントによる予測もつかない不祥事やスキャンダルが舞い込む可能性があり、その影響で企業イメージが傷つくリスクがある。さらに、所属事務所自体が金銭トラブルや反社会的な活動により社会的に糾弾される可能性も考慮しておかなければならない。

　広報活動における「著名人」「インフルエンサー」の起用に関する企画書を整理する際には、これらのリスクをしっかりと評価し、対策を講じる必要がある。リスクヘッジのための戦略や、緊急時の対応計画も含めて考慮することで、より堅牢な広報戦略を構築することが可能となる。

視点1　意外と難しい「起用の目的」の明確化

話が膨らみやすい、著名人の絡んだ企画

　企画書を作成する前に重要なのは、著名人を起用する目的の整理だ。最初は「新商品の記者発表にタレントに出演してもらう」という話だったが、次第に「ご本人のSNSでも自社商品を紹介してもらいたい」「入社式にも来てもらい、新入社員に向けた挨拶をしてもらいたい」「サステナ

ビリティ推進活動の広報にも協力してもらいたい」などと著名人に絡んだ企画は「あれもこれも」と後から話が膨らんでいきやすい。また（例えば）創業者や会長など、日常業務では「雲の上」の存在の方たちから、急に「あのタレントをイメージキャラクターに起用したらどうか?」とピンポイントで「結論」だけが飛んできたりもする。

「著名人」を広報活動に起用する上で一番気をつけたいのは、こうした本来は企画の立案段階で精査されたはずの戦略が、後から骨抜きになりがちなことだ。広報担当者が企画書を書く上で、まずはこの点に注意しつつ、常に本来の「目的」は何かに立ち返り整理していかなくてはならない。

図1 「著名人の起用」の目的と関連部署の例

- 「広告」にタレントを起用したい
  - ➡主にマーケティング部・宣伝部
- 新商品の「プレスイベント」に出演してもらいたい
  - ➡広報部・販促部
- パッケージや広告を有名クリエーターにつくってもらいたい
  - ➡マーケティング部・宣伝部
- 商品の「共同開発」（プロデュース）を委託したい
  - ➡商品企画部・マーケティング部
- 「サステナビリティ推進活動」に協力してほしい
  - ➡サステナビリティ推進部・広報部
- 「SNS・動画サイト」で商品を取り上げてほしい
  - ➡広報部・販促部
- 自社商品を利用して「メディア出演」してほしい
  - ➡広報部・販促部
- 社長と対談してもらいステークホルダー（社員・株主等）に公開したい
  - ➡人事総務部・広報部・社長室
- 販売店やFCオーナーへの講演を行ってほしい
  - ➡営業部・販促部

著名人を起用するメリット

「著名人の起用」においては、経営者や広報担当者の間でも施策としての意見で是非は分かれる。私は著名人の知名度や人気に頼らないで済むものであれば、ムリに起用することはないと考えている。

　一方でパブリシティ獲得の視点から、ここは著名人を起用しない限り全国メディアでの露出は厳しいだろうと、選択肢のひとつとして起用を考えることも多くある。また、マーケティング戦略上のブランド差別化や商品の想起率向上などの視点から、現在のこの企業の置かれた状況では著名人の起用がコスパ上も最適だと判断するケースでは、短期・長期にかかわらず積極的に起用を勧めたこともある。

　一般的には、提供する商品・サービスが「横並び」で製品スペックだけでの差別化が難しく、市場内の競争も激しい場合、また各社のシェアが横並びの場合などは「"あの"著名人を起用している会社（商品）」と早く・広く知ってもらうことで競争上の優位に立てることがある。

図2　著名人起用をおすすめする場合

- ●単発イベントなどでパブリシティ獲得が重要
- ●コンシューマー参加型企画での募集（応募）促進のため
- ●商品差別化が難しい（説明が難しい）商品・サービスの訴求
- ●単価の高い商材を扱い「信頼度」が重要な場合
- ●企業イメージに合う著名人の起用によるイメージアップ
- ●オウンドメディアのコンテンツ強化と話題づくり
- ●競合他社との競争が激しい市場環境
- ●著名人による商品企画・開発への参加・協力による話題づくり
- ●著名人のライフワーク（社会貢献活動等）と自社ブランドの親和性が高い
- ●業態転換や新規事業等のインパクト（想起率）獲得のため

図3　著名人起用をおすすめしない場合

- ●著名人のプライベートの話題に乗るためだけに起用
　　例スキャンダルや炎上ネタなど

- 他社が類似した著名人の起用をすでにしている場合
  - 例 競合企業がアイドルを起用したので、うちもアイドルを起用したい等
- 企業イメージ（企業戦略）と合わない著名人を起用すること
  - 例 堅実な社風の企業が毒舌タレントを起用する
- 業務上の理由（関係性）の弱い著名人の起用
  - 例 社長の知り合いだから
- すでに企業や商品の認知度や信頼度は高く、著名人起用に意味がない場合

著名人を起用するデメリットとその対処法

　著名人やインフルエンサーを広報戦略に取り入れる場合、その影響力は確かに大きいが、そのリスクについても十分に理解しておく必要がある。最も顕著なリスクの一つが、著名人が突然スキャンダルを起こした場合の影響だ。

　また、著名人自身の行動だけでなく、所属事務所や関連団体が社会的に糾弾されるケースも存在する。タレントの所属事務所が不祥事に巻き込まれた場合、その所属タレントを広告やイベントで起用している企業も連帯的に批判を受ける可能性がある。このようなリスクを考慮に入れるためには、所属事務所の評判や過去の問題行動についても事前に調査し、それを広報戦略に反映させることが重要である。このような事態は、即座に企業のブランドイメージに悪影響を及ぼす。顧客は著名人の行動を企業の価値観と連動して解釈することが多く、その結果、製品やサービスに対する信頼が失われる可能性がある。このようなリスクに対処するためには、契約時にモラル条項を設定するか、緊急時の対応策を事前に策定することが有効だ。

　「モラル条項」とは、主に著名人と企業が締結する契約において、著名人が不祥事やスキャンダルを引き起こした場合に、契約を終了できるようにするための規定である。この条項を事前に精査し明文化しておくことで、著名人の不祥事が万が一発生した場合も企業や商品のイメージへの悪影響を最小限に防ぐことができる。

　ただし、モラル条項が設定されているからといって、企業が一方的に

契約を解除する行為は、著名人からの損害賠償請求や企業の評判を悪化させる可能性もある。長期的な関係性の構築が重要であるという観点からも、著名人との連携には戦略が求められる。一時的なスキャンダルや不祥事が発生した場合でも、長期にわたる信頼関係が築かれていれば、その影響は相対的に小さく抑えられる可能性が高まる。具体的には、初めから複数回にわたるキャンペーンやイベントでの連携を視野に入れ、その都度の成果を評価しながら関係性を深化させていく方法が考えられる。このようなアプローチにより、企業と著名人双方にとって価値のある長期的なパートナーシップが形成される可能性が高くなる。モラル条項の適用に際しては、その適切な理由と事前の相談を行い、手続きを慎重に進めることが必要だ。著名人を起用する際は、以上のようなリスクをしっかりと評価し、対処法を明確にすることが求められる。これにより、企業はリスクを最小限に抑えつつ、効果的な広報戦略を展開することが可能となる。

「契約にないこと」で混乱は起こる

　著名人の起用で一番話がややこしくなるのは、「企画書（契約書）になかった話」が後から色々と生じて出てきた時だ。企画書内では起用の「目的」を事前にしっかりと言語化しておくことで、契約書の内容にもブレのない形で反映させ、事前に相手サイドとすり合わせることができる。また、契約時には双方の理解に齟齬がないかよく確認することで、大きなトラブルを未然に防ぐことに役立つ。

図4　著名人の起用時に混乱が生じる例

- 販促（広告）活動への協力と広報活動（企業ブランドへの協力）の混同
  例 広告出演を依頼した著名人にプレスイベント出演も依頼する
- 企業広報への協力と販促（広告）活動との混同
  例 企業広報として社長との対談に出演してもらうことと、文化人の著作物にサインをしてもらい販促キャンペーンに活用することは別

- 社外向け（アウター）広報への協力と社内（インターナル）広報の混同
  例商品発表会にゲスト出演した著名人に、新入社員の内定式向けコメントを依頼して新たに動画収録する場合は別の交渉（契約）が必要
- 自社提供の「番組」「イベント」への出演と自社の販促や広報活動との混同
  例自社が一社提供を行った「番組」「ライブイベント」などでの出演シーン写真を自社商品の販促や広報活動に使用する際には別の交渉（契約）が必要
- 自社の主催するイベントへの著名人の出演と、著名人のSNSでの情報発信との混同
  例主催イベントの出演者に本人のSNSで当日の模様を投稿してもらうには別の交渉（契約）が必要

図5　企画書内に書くべき具体的な依頼内容の例

サステナビリティ推進活動への協力依頼の場合

- 自社のサステナビリティ推進活動に関係したイベント出演
  例食育啓発イベント
- イベント告知のための宣材（アーティスト写真・プロフィール）の使用
- イベント当日のメディア取材への対応（個別取材を受けるかは個別に相談）
- オフィシャル写真をイベント後に記事広告や社内報、採用広報で使用
- イベント当日の動画を自社サイトや自社のSNSアカウントで拡散

商品プロモーションへの協力依頼

- 商品発表会（記者会見）への出席
- 発表会終了後の「囲み」取材に対応
- 会見中の動画の撮影、自社サイト等で公開
- スチール写真の撮影、自社サイトやSNSでの使用
- 著名人自身のSNS等での紹介
- 直筆サイン入りの自社商品を活用した販促キャンペーンへの協力

競合排除のルールは適用か確認する

　ここで「広報担当者」として気をつけたいことがある。慣習上、著名人（タレント）側が重視するのはテレビCMなどのマスメディア広告へ

の「出稿＝広告」の契約だ。広告契約は通常1年単位で結ばれることが多い。また、契約期間中は競合他社（商品）への広告関連の出演を行わないなど包括的（排他的）となることが想定される。

　一方、広報担当者が担当することの多い「イベント」（プレスイベントや消費者イベント）は一日だけのゲストとして出演してもらうことが多いが、イベント出演の場合は「競合排除」の適応は行わないケースも多い。この企画（契約）は「広告契約（年間）」なのか、そうではないのか。「競合排除」のルールが適用となるか、ならないのかを明確にしておく必要がある。

拘束時間を明記する

　著名人への出演依頼にあたり、企画書作成上のポイントが2つある。ひとつ目は「拘束時間」だ。依頼する側にとっては著名人を活用することは「特別な機会」となるが、著名人にとっては毎日の活動のひとつであることは意識しておきたい。そして、一度出演のOKが決まると著名人側から出演のキャンセルを行うことは、病気、事故等、特別な事情を除いては基本的にない。影響力の大きい著名人であればあるほど、出演の依頼をした後もなかなか調整がつかずスケジュールが確定しないこともある。前後のスケジュールに不確定要素が高いと著名人サイドは即断ができないのだ。従って、著名人を起用する企画書では、事前に自社サイドで重要な事項は確定させた上で、一度、著名人の出演が決定したら日時の変更などは原則としてできないと考えたい。

　依頼した仕事を著名人側が受けることができるかどうかの大きな要因は「依頼内容」を別にすると多くは「スケジュール調整」の可否である。スケジュールの選択余地が広く、また拘束時間が短ければ、前後のスケジュールを調整するなどして受け入れやすくなる。

著名人のスケジュールに自社が合わせられる場合

例 毎週末14:00〜18:00（できれば6月中）

➡ なるべく「幅」をもたせオプションを多く提示すると著名人サイドはスケジュール調整しやすい

依頼スケジュールが確定している場合

例 9月12日13:00（会場入り）、14:00-16:00（出演）、16:30（終了）

➡ なるべく拘束時間を短くする配慮を行うとスケジュール調整をしやすい

当日、著名人と直接確認する内容を絞る

　企画書のポイント2つ目は「香盤表」（特に共演者など）にかかわる情報だ。私の経験上の話になるが、多忙な著名人（タレント）の場合、事前の打ち合わせは事務所スタッフや代理店の担当者と可能な限り済ませておく。当日の本人の拘束時間は極力短くしたいからだ。当日の打ち合わせは、どうしても本人と直接確認したい内容に絞り込むと、双方にとって効率的だ。

　一方、文化人などに依頼しシンポジウムやトークショーなどを開催する場合、企画の趣旨など大まかなことは事前に共有できるが、当日の進行などまでは伝えきれないことがある。こうした場合には、当日の「流れ」や共演者との「顔合わせ」も含め十分な時間を当日の開始前に設けるなど臨機応変に対応したい。

共演者に関する情報を説明する

　また、最近は主催者側から「この出演者（著名人）には共演NGの相手はいるのか？」など突っ込んだ質問があり受け答えに窮することがある。確かに著名人も人間である以上は「苦手」な相手もいるだろう。だが、あくまで個人的な事情であれば、依頼する側はあまり気にする必要はない。著名人や先方の担当者が企業側の企画内容や条件面を総合的に判断すればよいのだ。

一方、主催者側が特別な意味をもたせた上で著名人とその共演者に対して出演依頼をする場合には、事前に共演の趣旨など丁寧に説明する必要がある。

図7　明記すべき共演者情報の例

- 過去に共演者同士の関係があった場合（ご当地映画で共演など）
- 同じ地域の出身者（先輩後輩）
- 「理想の上司」として年代別（30代40代50代）に3人の著名人が登壇するイベント
- 教育現場に詳しい文化人と、医療問題に詳しい文化人とのトークイベント
- 自社商品を愛用する著名人と自社の開発担当者との対談企画（記事広告）

　タレント業における「番手」（どちらがメインの出演者であるか）は、我々が考える以上に特に著名人にとって非常に繊細な問題である。このため、事前に相手方との確認を徹底することが重要だ。また、事前告知やイベント時の紹介順序、写真撮影時の立ち位置、当日配布する資料内での紹介の仕方など、タレントは自身の扱われ方に敏感なことが多く、十分な注意を払う必要がある。

追加依頼は「時間拘束」の有無がポイント

　当初は著名人に依頼する予定はなかった内容が、依頼者側の都合で後日追加になることは、現実にはよくある。社会的な事情でスケジュールの変更がどうしても避けられないようなケースもあれば、むしろ、ポジティブな理由で企画へのかかわりをもっと増やしてほしいなど要望は様々だ。

　こういった場合、契約更新時、または、都度にはなるが新たに交渉を行う必要がある。必要に応じて契約内容の変更・追加・更新等を行う。もっとも、一度、著名人側と関係が構築できれば、微細な追加施策の依頼やスケジュール微調整などはしやすくなることが多い。

　例えばプレスイベント時に撮影した著名人のスチール写真を、後日、

社内報や自社サイトでも追加使用したい場合などは、特に「契約書」の更新までは必要なく、代理店や所属事務所経由で口頭での確認を行えば問題ないことも多い。

　一方で、前に書いたように、著名人側はとにかく忙しいため、「拘束時間」が新たに発生するような協力依頼については、内容によっては新たな出演料やスケジュールの調整を行ったり、また「別の話」として再度調整を行うことになるのが普通である。

　気をつけたいのは、「（大丈夫だと思って）確認しないで勝手にやってしまう」のは、著作権や肖像権の管理の問題が重視される昨今においては厳禁だと、広報担当だけではなく社内の誰もが理解しておくことだ。

視点2　インフルエンサーの起用

インフルエンサーを活用するメリット

　次にインフルエンサーを活用するメリットについて簡単にまとめたい。最近は4マス（テレビ、ラジオ、新聞、雑誌）に多くの時間接触することがなく、スマホやタブレットなどのデジタルデバイスへの接触時間の方が圧倒的に長い人たちが増えてきた。「広告スキップ」が日常的に行われるなど、「広告」ではない、オンライン上の「口コミ」を通じて"心の距離"の近い相手と商品情報の共有や交換が頻繁に行われている。

　こうした変化の中で、インフルエンサーは特定のコミュニティやフォロワーに対して信頼される情報源となっている。特に、広告に対して懐疑的な若年層も、インフルエンサーの言葉には一定程度の信頼を寄せている。

　企業は広告やプロモーションだけでは到達しきれないニッチなターゲット層に対しても、インフルエンサーを通じて効果的にアプローチが可能である。その結果として、高い投資対効果（ROI）を期待できるケー

スが多い。

　主にネット上で有名で影響力があるインフルエンサーや、特定分野で熱烈なファンを持つインフルエンサーが、自身のSNSや動画サイト、オンラインコミュニティ（場合によってはリアルコミュニティ）を使い、消費者が商品購入する際のブランド選択に強い影響を与えるようになってきた。こういった影響力を持つ人たちへの企業からのアプローチも増えてきた。

図8　口コミ活用のメリット

- ●「共感性」の高いコンテンツによるコミュニケーション
- ●「口コミ」による "非広告的" な情報拡散
- ●「広告スキップ」を回避できる
- ●「ライフスタイル」を軸としたターゲットへのリーチ
- ●「最終意思決定」（ブランド選択）の後押し

インフルエンサー活用の最終ゴールとは？

　インフルエンサーを起用する上で、単に「インフルエンサーを通じて話題にしたい」では企画書にならない。最終的な数値を意識して目標設定を行いたい。KGI（最終目標）が決まったら、さらにKPI（中間目標）へと落とし込んでいく。

図9　最終目標(KGI)の例

- ●20代の若い世代を中心に購入数を15％増やす
- ●ウェブサイトからの新規問い合わせ数を現在の2倍にする
- ●現在は7％のリピート率を15％まで向上させる

図10 「認知獲得」施策における、中間目標(KPI)の例

成果判断の指標 ＝コンテンツがどれだけ多くの人の目に触れたか

- インプレッション（投稿の表示回数）
- 実際に投稿を見たユーザー数
- シェア数
- 動画の再生回数
- インプレッション単価（CPM）
- コンテンツのクリック単価（CPC）

インフルエンサーによる自然拡散を企業はコントロールすることはできない。従って、この自然拡散だけに頼ることはあまり勧めていない。あくまで達成すべきはインフルエンサーの活用ではなく「目標数値の達成」である。必要に応じてインフルエンサーの投稿と連動した形での、SNS広告やディスプレイ広告、リスティング広告など、露出量のコントロールが可能な広告出稿を効果的に組み合わせることを行いたい。

また、自社サイトやSNSの自社アカウントでもインフルエンサーによる投稿を紹介して拡散するなど工夫をする（PESOマーケティング）ことで、より立体的なコミュニケーションがプランニングできる。

どのようにインフルエンサーへ声をかければいいか

インフルエンサーへの依頼は①代理店（プラットフォーム事業者を含む）経由と②自社から直接の声がけの大きく2つのアプローチがある。広告（販促）部門の担当者から尋ねられた場合には、「広告連動」といわゆる「手離れ」の面から、インフルエンサーマーケティングを支援する代理店またはプラットフォーム事業社の活用を勧めている。

図11　代理店／プラットフォームサービス経由で委託するメリット

代理店に依頼

代理店が企業からヒアリングを行った上で、どういったインフルエンサーが目標達成に相応しいか知見により判断しキャスティングを代行する。インフルエンサーとの連絡、投稿コンテンツの確認、効果測定などコーディネートを行ってくれる

オンライン・プラットフォームの利用

登録しているインフルエンサーから案件ごとのインフルエンサーを募集できる。依頼側からインフルエンサーを指名することも可能。一度に多くのインフルエンサーに協力依頼ができる

　一方、広報（パブリシティ）部門や企業ブランドにかかわる担当者からの相談があった際には、長期的な関係構築という視点から、担当者からインフルエンサーに直接声をかける方法を私は勧めることが多い。広報やブランド担当者は、短期的に商品に関する露出を増やすことにとらわれすぎずに、長期間にわたってインフルエンサーと良好な関係を築いていけるよう心がけることが求められる。

図12　担当者から直接声をかけるメリット

- 過去の投稿内容が企業や商品ブランドと合致しているかを慎重に判断できる。日頃の投稿が企業イメージとかけ離れていれば、企業ブランドにマイナスとなるので対象から外す
- フォロワーに自社の理想とするターゲットがいるかどうか、やりとりが活性化しているかどうか、どういった投稿に「いいね！」が付くのかなど、リアクション数やコメント数などの熱量（活性化の程度）を丁寧に確認できる
- 「ヤラされ感」が出るとインフルエンサー施策は逆効果になるので、実際に商品利用者かどうか（他社商品を普段から頻繁に利用していないか）などを確認して、「心から気に入っていない」と判断したら依頼をしないようにする

「ステルスマーケティング」と誤解されないために

インフルエンサーを起用してSNS上の口コミで話題づくりを行う施策は、何かと誤解を生みやすい。特に「ステルスマーケティング（ステマ）」と呼ばれる炎上原因にもなる禁止されている行為にかかわる点だ。

ステマは、消費者に対して「投稿内容が宣伝と気づかれないように行う宣伝行為」のことだ。重要なのは「広告主がいるのに、いないように見せかける広告、記事、SNS投稿は、いずれも［ステマ］にあたるのでやってはけない」という点だ。必ずインフルエンサー（発信者）と依頼者（主体）との「関係性の明示（「主体」＋「便益」を明確に伝えること）」を行わなければならない。特に2023年10月の法改正により、ステマが「不当景品類及び不当表示防止法（景品表示法）」における禁止行為に指定された。

大切なことは、単なる「表記の有無」ではなく「企業名」「店名」「個人」などの依頼者（主体）からインフルエンサー（発信者）自身へのインセンティブの有無について「読者に誤認を与えないかどうか」である。「目立たないように小さく記載すればいい」という考えは明らかに間違いなのだ。

図13　インフルエンサーに関するQ&A

◎インフルエンサーが企業の新商品について記事を書き対価（広告料）をもらう。これは記事？　広告？

Ａ それは「記事」ではなく、あくまで「広告」です。「広告」は消費者の誤解を招かないために、無償で執筆する「記事」「投稿」と、「掲載する枠を分離」しなくてはなりません。（広告枠の設置）

◎対価として金銭を支払わずに、インフルエンサーがデモ機の提供を受けたり、宿泊体験をしたりする場合も、掲載枠の分離や、「広告」「PR」の表記は必要ですか？

Ａ 金銭にかかわらず、何らかのサービス（インセンティブ）の提供を受けた場合には「関係性あり」と判断されるので注意が必要です

◎「掲載場所を分離しろ」と言われてもXでは「分離」しようがありません

Ⓐ「分離」が不可能であれば、「広告」「企業PR」等の「関係性を明示」するための表記を入れ、消費者（読者）の誤認を防がなくてはいけません

◎インフルエンサーが「広告」「PR」などの表記は入れたくないと言っています

Ⓐ「偽装」にあたる可能性が高いです。注意してください。ただし、必ずしも「広告」「PR」の表記を入れることだけではなく、コンテンツ内で明らかに関係性が分かり読者に誤認を与えない内容であれば構いません

◎「誤解を与えない内容」とはどういった内容のことですか？

Ⓐ「事実を正直に書く」ことです。「○○社の新商品の発表記念パーティーに招待され、新発売のデザートをひと足早く試食させてもらいました！」という表記であれば、関係性に誤認は与えません。（他に金銭対価がない場合）

◎取材時にお茶を出したり、販促グッズを渡しても「インセンティブ」にあたりますか？

Ⓐ「程度の問題」です。「お茶をもらう」ことは一般的にインセンティブにはならないです。高価なグッズをもらうことを事前に約束して、それを条件に取材や投稿を行うのであれば、これはインセンティブに当たる可能性が高いです

関係性が「ある」とされる条件

- 目的がネット上で話題にすることである
- 金銭、物品・サービスなどの提供がある
- 提供（インセンティブ）内容が「重要」である

関係性明示の表現上のルール

- 関係性明示は ❶主体 ❷便益を投稿内に行う
- #PRなどのハッシュタグをつけると簡単
- 消費者（読者）が誤認しないよう事実を正確に明記する

出所／WOMJガイドラインを参考の上、筆者作成

さらなる成長に向け、
絆を深めたい！

第8章

進化する「周年事業」の企画
将来性を伝える機会に

まもなく周年……慌てず準備しておきたい

　社長や上司から突然「創業〇周年の記念行事は何か考えているのか?」と聞かれて慌てたという声を聞く。帝国データバンクの調査［全国「周年記念企業」調査（2023年）］によると2023年に創業から節目の年を迎える「周年記念企業」は全国に14万社以上ある。そのうち100周年を迎える企業は2000社以上にのぼる。

　何らかの形で周年事業をやらなければいけないが、何をどうしたらよいか分からない広報担当者も多い。また現場担当者からは「周年事業は社内行事の要素が強いだけに立案の段階からは外部パートナーに依頼しにくい」という声もある。こうした声を踏まえ、この章では周年事業の企画について考えたい。

視点1　なぜ周年事業が必要か?

周年事業とは何か

　周年事業とは、元々は企業にとっての"節目"となる年に、これまで事業を継続してこられたことを記念し、社員や関係者と共に祝う「お祝い行事」の意味合いが強い。このため「社内向け」の記念事業としては、社員を労うことが中心となるため、場合によっては社員の家族を招いたり、これまで会社に貢献してきた定年退職した元社員を招いた行事を行ったりする。一方で、最近では周年事業のタイミングで、新商品のプロモーションや自社のリブランディングを行うなど、社外に向けた「周年キャンペーン」がメインの企業も少なくない。

　社内活動という意味では、現在の社員や過去の社員など会社を支えてきた関係者に対して創業者や経営陣が"感謝の意"を伝え、「未来に向け

て一緒に頑張ろう！」とメッセージを伝えることが第一の目的だ。同時に、これまでの自社の歴史を振り返り、今後はどのような企業価値を生み出していくのか社内共有するための行事でもある。普段はなかなか意識することが少ない「経営理念」「将来ビジョン」を社員一同が改めて共有することで「コーポレート・アイデンティティ」を高める機会となる。

　他方、社外に対して周年記念事業を実施する場合には、単に普段からの"感謝の意"を伝えるだけでなく、今後の自社の経営目標や事業体制などをしっかりと広報することも重要だ。記念品やオリジナルのグッズを渡すなどして、自社とステークホルダーとのエンゲージメント（関係性、絆）をより深めていきたい。

周年事業の新たな展開

　近年はマーケティング活動のプロセスの一環として、周年事業に力を入れる企業が多くなってきた。これは周年事業をきっかけとして、コミュニケーションを活性化したいという思いの表れだと考えている。その背景には、コロナ禍で社内外でのコミュニケーション活動が一時的に低下したことがある。そして、自社の将来に向けた企業姿勢と今後の活動方針を打ち出していく場として活用したいという経営陣の思いは強い。

　またコロナ禍では、オンラインを活用しながらの周年事業が行われた。対面に比べオンラインでならば物理的な制限も少なく、行事への参加などへの時間的負担も少ない。例えば、地方に本社のある企業が東京や大阪など首都圏の顧客企業の参加者を招くことも可能だ。海外拠点に勤める社員にこの機会に日本で開かれる記念式典に参加を呼びかけることもできる。全国の拠点同士を結びつけることもリモートの活用で容易になった。特別ゲストを招くなど、工夫次第で、オンラインならではの"サプライズ"も可能だ。

発信強化の機会に

　対外コミュニケーションの視点からも周年事業の役割が注目されてい

る。コロナ禍をはじめとした環境変化で、消費者の意識も大きく変わる中、多くの企業が、企業ブランドの再定義を求められている。あまり広報活動に力を入れてこなかったBtoB企業でも、動画やアプリなどを使って自社ブランドの再構築にチャレンジしているケースも増えた。周年事業の一環で、日頃あまり十分な発信ができていなかった大企業の経営トップの声を配信したり、創業間もないベンチャー企業がオンラインを活用することで多くのステークホルダーを巻き込んだセレモニーを実施することも可能だ。社内、社外の両面から、新たな周年事業の企画立案が求められている。

視点2　周年事業の企画立案のポイント

事業全体の基本計画

　周年事業の企画で重要なのは、事業全体の基本計画・設計がどこまで入念に練られているかだ。新商品の販促活動や新規事業のコミュニケーションとは異なり、会社全体の「過去」「現在」「未来」の活動を一気通貫していかに社会に伝えていくのか。最初にこのプロジェクトの「目的」を全社に向けはっきりと伝えていく必要がある。その上で、事前準備から実施に至るまでの大まかなスケジュールを共有しつつ、必要に応じて社内の多くの部署からの協力を得る必要がある。また、目標設定に対応した、ターゲットごとの目標設定と効果検証は必須となる。

ターゲット、コンセプト、スケジュール

　周年事業は、対象を「社内」とするか「社外」にするかで具体的な施策も大きく変わる。このため、企画立案前の段階で、必ず経営トップと役員などに、周年事業の全体像をプレゼンし活動内容の承諾を得る必要がある。この際、「誰に向けて実施するのか（ターゲット）」「企業価値の

"何を" 伝えるのか」「実施規模・スケジュール」など事業の骨格については早期に承諾を得ておきたい。これにより以降の企画立案が大幅にはかどることになる。

図1　周年事業の企画のポイント

- 周年事業全体の基本計画・設計を何より優先する
- 事業の「目的」を明確にする
- ターゲットを決めると同時にターゲットごとの目標設定を行う
- スケジュール、準備体制、コンセプト、ターゲットなど大まかな承諾を早めに得る

企画の初期段階でよくある間違い

　周年事業を企画する際にアウトプット（具体的施策）を先に企画してしまうことは好ましくない。目的やコンセプト、体制など全体戦略やプランについての吟味がない状態で、例えば「社史（記念誌）の制作」というアウトプット（制作物）を決定してしまうケースが実に多い。こうした場合、ただ「制作すること」が最終目的になってしまい、後付けで「目的」「ターゲット」などが決まる。そして、多くの場合、プロジェクトの途中で「何で自分たちはこんなこと（制作物）をしているのか?」と自問自答することになる。

社内のムード構築

　周年事業の計画を広報部門が主導する場合、社内には表立って反対しない（総論賛成）ものの、積極的な協力を見せない部署や社員が現れる（各論反対）ことがある。これは、売上やメディア露出に直接貢献しない社内活動に対するよくある態度であり、特に「会社の誕生日」といった「内輪のイベント」に対しては顕著である。既に人手が不足している中で、長期間にわたり社内イベントのために時間や人員を割くことに疑問を持つ社員たちの本音が垣間見えることも多い。

単なる「誕生日イベント」に終わらせないための全体設計（仕組みづくり）と、ターゲットごとの目標設定／効果測定が不可欠となる。具体的に、誰に対してどういうメッセージを打ち出していくのか早い段階で全体コンセプトを共有することが重要だ。広報部門が戦略性を持って、これまでの自社の成長を総括し、今後の成長へと向かうための社内ムードを構築していくことが、広報部門としての重要な達成目標となる。

視点3 社内向け事業のコンセプト立案

働くモチベーションの向上を促進

社内向け施策では、社員のワーク・エンゲージメント（仕事へのポジティブさや充実感）の向上が目的及び成果指標のひとつとして考えられる。2019年より働き方改革関連法が施行され、以来、多くの企業で様々な労働環境の是正が労働生産性向上の取り組みと並行して行われてきている。しかし、コロナ禍でのリモートワーク中心の働き方へのシフトを経て、今では「働く環境」の改善に加え、社員の「働きがい」をいかにモチベートしていくかが企業にとって求められている。

周年事業を良い機会として全社に向けたメッセージを発信することで、社員の働くモチベーション向上を促し「働きがい」を再確認してもらうきっかけにしたい。また、創業時の創業者の思いや、これまでの先輩社員たちの成し遂げてきた事業などを振り返ることで、"誕生日"を迎えた自社のこれまでの功績を振り返り、自分の企業と自分たちの未来像を発信し社員間の一体感を生み出せるようにしていきたい。

社内コミュニケーションを活性化させることで、社員同士の結びつきが改めて強くなると、ワーク・エンゲージメントは向上する。同時に自社への帰属意識は強くなっていく。その結果、社員は自分が所属する部門や、会社全体に対する貢献意識（自社へのロイヤルティ）が高まる。

図2　ワーク・エンゲージメントの評価方法

- 社内向け施策の実施前と実施後に調査（アンケート）を行う。効果を数値化して算出する
- 調査の重要性を社員にしっかり説明する。アンケートへの回答の意義を理解してもらう
- 個人が特定される調査ではないこと、回答は社員全体のデータとして扱うこと、社員個人の評価につながらないこと等を事前に確認する
- 質問では回答者に投げかける問いにより、会社の目指す方向性と社員の意識との "ギャップ" を探る（職場の満足度を問うものではない）
  例 自分は仕事やプロジェクトを通じて成長していると感じるか？
- アンケート実施後には定量化して、適切なタイミングで必ず結果のフィードバックを行う。アンケートの "やりっ放し" にはしない

図3　周年事業の目的

社内向け

- 社員へのこれまでの感謝
- 未来に向けた経営理念・経営ビジョンの共有
- 社員間のコミュニケーション推進
- 社員のワーク・エンゲージメント強化
- 会社の歴史、創業者の思いなどの振り返り

視点4　社外向け事業のコンセプト立案

顧客や取引先へメッセージ発信

　社外向け活動として周年事業を実施する場合は、社外の「顧客」「取引先」に対してどのようなメッセージを発信するかの整理を行うことが企画書を作成する上での重要ポイントとなる。この時、企業ブランディングの視点から、自社の未来の姿をイメージしてメッセージを作成すると、整理しやすくなる。

図4　社外向けメッセージの整理

- 自社の歴史、原点となる創業時のエピソード、これまで乗り越えてきた困難は何か
- 現在、社会においてどのような付加価値を提供してきたか
- 将来、社会においてどのような付加価値を提供していきたいか
- 現在の企業イメージを、将来はどのように変えていきたいか
- 社会は自社に対して何を期待してきたか、今後は何を期待されるのか
- 自社の将来を象徴しシンボル（フラッグシップ）となる事業、商品は何か
- 自社は社会環境の変化にどのように対応していくのか
- サステナビリティ推進の取り組み、ガバナンス体制、コンプライアンス遵守など、企業活動における倫理性の高さを自負できるか

　社外に向けた周年事業では、これまで企業が存続するために協力を得てきた「取引先」や「顧客」に対して、自社の実績を再確認してもらうと同時に、新商品の発表や新事業のアピールを行うことも重要な目的のひとつだ。将来に向けた自社の取り組みについて広報活動を行い取引先との関係性を強固にしていきたい。

　ここまで見てきたように、「社内向け」か「社外向け」かによって、目的とメッセージは大きく変わるため、周年事業の企画立案に入る前に必ず、社員向け、顧客向け、取引先向け、地域社会向け、株主向けなど、様々なステークホルダーごとに分けたメッセージマップを作成する必要がある。ターゲット別に個々にメッセージを用意するなどの丁寧な情報発信を行っていくことで、より効果的に施策の意図が伝わりやすくなる。

図5　ステークホルダーごとのメッセージマップ

取引先向けメッセージマップ

コアメッセージ
- 自社の確固たる実績と将来へのコミットメント

サポートメッセージ
- 長年の実績と信頼をもとにした取引の強化

- 新商品・新事業への継続的な投資とイノベーション
- 相互の成長と繁栄を目指したパートナーシップの拡充

行動の呼びかけ
- 新しいビジネス機会に関する共同の検討と協力の強化

顧客向けメッセージマップ

コアメッセージ
- お客様の信頼に応える品質とサービスの提供

サポートメッセージ
- 自社製品・サービスの利用に対する感謝の表明
- 新商品・サービスの紹介とその特長
- 顧客満足度の向上とカスタマーエクスペリエンスの改善への取り組み

行動の呼びかけ
- 新商品の試用やフィードバックの提供

地域社会向けメッセージマップ

コアメッセージ
- 地域社会への貢献と共生の強化

サポートメッセージ
- 地域社会での持続可能な活動と社会的責任の実施
- 地域イベントへの参加と支援
- 地域経済への貢献と雇用創出の推進

行動の呼びかけ
- 地域イベントへの参加と協働

株主向けメッセージマップ

コアメッセージ
- 長期的な価値創造と持続可能な成長への取り組み

サポートメッセージ
- 財務成績と業績の安定した向上
- 投資戦略とリスク管理の最適化
- 株主価値の最大化に向けた経営の透明性と効率性

行動の呼びかけ
- 株主総会への参加と意見の共有

視点5　周年事業の具体的な手法（伝え方）

コンセプトに適した伝え方を選択

　周年事業のコンセプト／メッセージの整理が終わったら、次に具体的にどうやってメッセージを伝えていくか、施策内容の検討に入りたい。社内に向けた周年事業を行う場合は、コンセプト・メッセージが最も伝わりやすい方法は何か（例 イベント、パーティー、社史、動画）を検討していく。

【伝え方❶】社内（記念）イベントの実施

　創業者や社長から社員や関連スタッフへの感謝を伝え、自社の未来に向けた経営ビジョンや新規事業への思いを伝えるには、「記念イベント（式典）」という形をとるのが一般的だ。通年で定期的に全社ミーティングなどを行っている企業も、周年事業の一環として改めて記念イベントとして行うことで、社員たちの気持ちの切り替えとモチベーションのアップにつながる。

図6　記念イベント（式典）のポイント

- 創業者や社長の感謝の気持ち、未来へのビジョンを社員（関係者）へ伝えるには「記念イベント（式典）」が有効
- 前半はフォーマル、後半はカジュアルにするなど構成上、硬軟織り交ぜる工夫を
- 来賓が多すぎると、「社内向け」とは趣旨が異なってくるので要注意。欲張らない
- トップダウンでの意思疎通だけではなく、現場社員の視点を取り入れるなどの配慮を

　大企業などでは、式典が、日頃は滅多に現場社員と交流の場がない社長や役員とのコミュニケーションの場となる。社員同士の親交を深める

ためにパーティー形式で行うことも多い。こうした場合、前半は業務に
関連したフォーマルな式典（社長あいさつ〜これからの経営ビジョンに
ついてなど）、後半はカジュアルな雰囲気での交流（創業からの社史の振
り返り、社員報奨、抽選会）など、社員モチベーション向上のための場
を組み合わせると効果的だ。

　また、社員数やオフィス環境にもよるが、企画内容さえ良ければ自社
内の大きな会議室などでも十分に参加者の満足を得られる式典になる。
あまり形式にとらわれすぎずに、気軽に参加できるスタイルを心がけた
方が、場の雰囲気はよくなることが多い。

来賓を招く場合

　ホテルで実施するなど規模を大きくして取引先やパートナー企業から
の来賓を多く招く場合は、社外向けの接待の場や、新たなビジネス関係
の構築などがメインの目的となる。そもそもの「社内コミュニケーショ
ン」が目的の記念行事とは異なるものになるので、この点には注意した
い。

オンライン開催の場合

　広報担当者は企画書を書く段階から会場準備などと同時にリモート活
用についても検討したい。特に配信方法や事後のアーカイブの扱い方に
ついては、事前に想定した上で対面とオンラインの"ハイブリッド開催"
など、効果的な導入を検討したい。

図7　オンライン開催の検討

- コロナ禍においてはリモート活用の開催が一般的になった
- 対面での開催の場合も、オンラインとの"ハイブリッド開催"も検討すべ
　し
- 事後のコンテンツ配信、動画のアーカイブ先なども企画段階から検討を

【伝え方❷】周年記念ツール・グッズの制作

　関係者向けの記念品として、周年記念グッズに加え、これまでの自社の取り組みを振り返る図録やサイト、インフォグラフィックスなどを制作する企業は多い。記念ツールの制作により、創業時から今日に至る自社の取り組みや実績を将来に残る形で可視化することができる。社内関係者に自社の成長と発展の軌跡を知ってもらい、新たな視点での気づきを与えることにもつながる。

消費者向けに限定感の演出

　一方、消費者向けキャンペーンとして制作する場合は“限定感”がキーワードになる。数量限定や販売チャネルを絞るなど、通常商品よりもレアな商品やサービスとして販売、または配布するなどの工夫を行う必要がある。また、こうした記念グッズを広く情報発信していく上での展開案が欠かせない。記念グッズを販売する場合には、基本は「限定商品」として既存商品よりも高く販売するか、通常の販売パッケージに記念グッズを付録し「限定パッケージ」としてプレミアム感のある販売展開を勧めている。

　廉価なステーショナリーやTシャツ・マグカップなどの定番商品に企業ロゴを入れ、いわゆる「ばら撒き用」として大量にサンプリングすることを否定はしないが、「もらえるものなら何でも嬉しい」という時代でもない。くれぐれも自社のターゲット層を考慮した上で、自社のブランドイメージの向上につながるよう「欲しいと思われる」ことを十分に考えたグッズ企画を行いたい。

【伝え方❸】「社史」「動画」の制作

　自社の創業時の秘話やこれまでの実績を振り返るコンテンツを制作し、顧客との関係強化や社員のモチベーション向上に役立てることも可能だ。"昭和" に創業した多くの企業は、平成までは創業者が経営の最前線で指揮することも多かった。しかし、令和に入ってからは一線を退き後継者

に経営をバトンタッチする、いわゆる「事業継承」にまつわる相談を多くいただく。周年事業を機会として「自社の成り立ち」をコンテンツ化して社員やステークホルダーに自社の歴史に接してもらいたいという要望は多くなった。

歴史を振り返るコンテンツづくりの注意点

社史や動画などのコンテンツ制作を企画する際に注意したいのは、当然のことだが「退屈」「読みにくい」ものにはしないことだ。コンテンツである以上、当たり前のことのようであって、これが意外と難しい。そして、多くの企業の社史や動画が、残念ながら読みにくかったり退屈であったりすることが多い。

社内向けコンテンツの場合

社内向けコンテンツとして優先されるのは、経営理念、経営ビジョンなど、経営者視点での「伝えたいこと」「残したいこと」を明確に伝えることだ。また、同時に自社の「企業文化」に着目し今後も長く受け継いでいかれるよう「経営者以外の視点」を十分に取り込みたい。特に後者においては、現場社員の声を記録に反映させるための社員インタビュー、全社イベントなどでのオフショットを使う、社史や動画の企画構成に若手社員からも協力を仰ぐなど、"全社を挙げて"編集・制作に取り組む姿勢が大切だ。

羽目をはずさない程度の"斬新さ"や"自由な社風"を意識した制作物の方が、結果的に社史を編さんする本来の目的にも叶うことが多い。

社外向けコンテンツの場合

一方、社外向けのコンテンツをつくる場合には、日頃の感謝の気持ちに加えて、会社の歴史、現在の企業活動のアウトライン、今後の自社の成長領域や可能性を理解してもらうことが中心となる。メーカー企業などでは、過去に自社が開発した製品を振り返ることが多い。この時、当

時の日本社会を振り返るなど、少しでも「社会的視点」を盛り込むことで“自社自慢”（手前味噌）な印象になることを避けられる。

　なお社内向けコンテンツは「コンセプト（軸）」を定めるのが特に難しい。つい「あれもこれも」と詰め込みたくなるからだ。この点は、消費者向けコンテンツと同様にマーケティング視点で、コンテンツ制作の「目的」を明確に絞り込み無駄のないストーリーを構成したい。

周年企画書の基本的なフォーマット

　最後に周年事業を広報部門が主体となって企画する際の企画書の基本的なフォーマットをまとめたい。まず周年事業を実施する「意義・目的」を整理する上でも、自社が現在置かれている背景（外部環境）について、客観的な視点で分析し与件の整理を行いたい。次に事業によって解決できる課題、事業の目的、ターゲット等を明確に定義する。数値目標も設けたい。そして、大まかな予算と実施内容を構成する。この時に社内を主導するリーダーと組織図を忘れずに準備したい。

　おおむねここまでは社内で企画するが、以降は場合によっては協力先の外部支援企業に企画立案を委託することも多い。具体的には、イベント（記念式典）案、社史、動画、記念グッズ等のコンテンツ案、実施や制作に関連したスケジュール案などだ。この時、周年事業全体の目標設定（KGI）と同様、個々の施策に関する目標設定（KPI）と効果測定についても用意したい。全体の収支に関する明細と、広報展開についての補足などを最後に加えることで、企画書としての完成度はさらに高まる。

図8　企画書に組み込む項目

与件整理

- ●自社の課題／背景（外部分析／内部分析）
- ●組織上の課題
- ●マーケティング戦略上の目標と課題
- ●業績上の自社の現在の課題

実施規模・体制

- 大まかな予算
- 周年事業を行う体制（組織図）
- 具体的なメンバー／リーダーは誰か?

全体スケジュール

- 準備期間について（いつまでに何を決めるのか?）
- 実施期間について（いつから何が始まるのか?）
- イベント案（大掛かりなイベント、メインとなる施策はいつか?）
- 展開案（実施後のコンテンツ利用、さらなる展開など）

効果測定

- 最終ゴール（KGI）は何か?（数値目標）
  - 例 社員のワーク・エンゲージメント指標の10％アップ
  - 例 記念キャンペーンの総売上額5000万円
- 中間地点となる数値目標（KPI）
  - 例 記念式典への社員の参加80%以上、記念グッズ単独の売上額500万円
- 収支（前回の実績があれば比較の上、効果検証）
- その他（パブリシティの展開案など）

社内の交流機会を
増やし、モチベーションを
高めたい！

第9章

全社戦略と紐づけ提案
「インターナル
コミュニケーション」の企画

🖊 社内広報からインターナルコミュニケーションへ

『広報会議』が2022年に行った社内広報に関する調査の結果を見ると、ウェブ社内報や、社内SNSの活用が進んでおり、従来の紙媒体の社内報や、対面での社内集会にとらわれないコミュニケーションが行われていることが分かる。この背景には、コロナ禍においてリモートワークが浸透し、新しい形での社内コミュニケーションが必要になったことがある。

図1　社内広報に関する調査

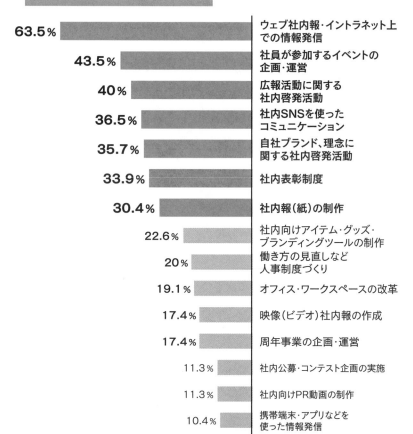

社内広報の活動内容は？（複数回答）

63.5%	ウェブ社内報・イントラネット上での情報発信
43.5%	社員が参加するイベントの企画・運営
40%	広報活動に関する社内啓発活動
36.5%	社内SNSを使ったコミュニケーション
35.7%	自社ブランド、理念に関する社内啓発活動
33.9%	社内表彰制度
30.4%	社内報（紙）の制作
22.6%	社内向けアイテム・グッズ・ブランディングツールの制作
20%	働き方の見直しなど人事制度づくり
19.1%	オフィス・ワークスペースの改革
17.4%	映像（ビデオ）社内報の作成
17.4%	周年事業の企画・運営
11.3%	社内公募・コンテスト企画の実施
11.3%	社内向けPR動画の制作
10.4%	携帯端末・アプリなどを使った情報発信

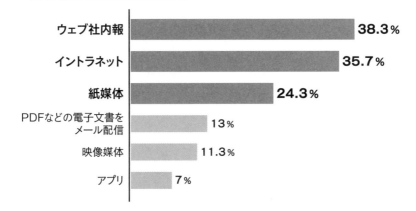

社内報の発行形態（複数回答）

ウェブ社内報	38.3%
イントラネット	35.7%
紙媒体	24.3%
PDFなどの電子文書をメール配信	13%
映像媒体	11.3%
アプリ	7%

広報会議編集部調べ「企業の広報・PR活動に関する調査」より
（調査対象：115社の広報関連部門 調査期間：2022年11〜12月）

　私のところにも、インターナルコミュニケーションに関連した企業からのサポート依頼が増えた。オンラインを併用した社内コミュニケーションの相談のほかにも、近年の「働き方改革」の一環として「ダイバーシティ」（多様性）が注目され、旧来のピラミッド構造で社内告知をするスタイルから、もっと "フラットな" コミュニケーションを目指したいと考えているが、具体的にどうすればいいかが分からない、という相談や、対外向けPRと社内コミュニケーションを一元化したいなど、企業の課題は幅広い。

　もっとも、どれも長い目で見ると根源となっている自社が抱える課題には共通点があると考えている。旧来型の社内コミュニケーションは主に「社内広報」と呼ばれ、ポイントはいかに経営層による経営理念・ビジョンを社内の隅々まで周知徹底できるかにあった。管理職が行った意思決定をいかに早く社員たちに共有できるか。キーワードは「一致団結」である。企業戦士たちのピラミッド構造に特有の「同一性（均質性）」をさらに強固にすることが社内広報のゴールであり、主には紙媒体を通じて定期的に社内報などが社員に配布された。

一方、近年は「女性の社会進出」「多様性の尊重」「長期雇用制度の崩壊」「非正規雇用の拡大」などが進み、旧来型のピラミッド社会に適したコミュニケーションスタイルでは立ち行かなくなった。コロナ禍におけるリモートワークの導入も進み、旧来型の「社内広報」に加え、経営層、従業員含めて組織内の双方向コミュニケーション（インターナルコミュニケーション）が進行している。

図2　旧来型のコミュニケーションと新しいインターナルコミュニケーション

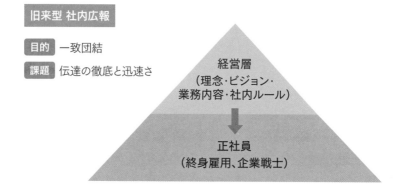

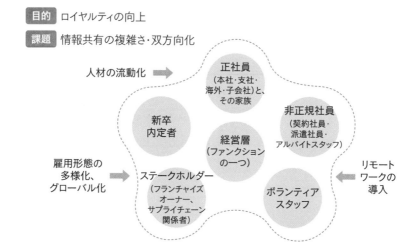

このように社内環境に大きな変化が起こりつつある中で、インターナルコミュニケーションに関して広報部門が果たすべき役割も大きい。また広報部門の役割も、旧来のような「会社の意思決定を社員に周知する」から「社員相互の自発的なコミュニケーションをファシリテートする」に徐々に変化しつつある。そこでこの章では、インターナルコミュニケーションの企画を作成する上で、どういった点に注意すればよいかを挙げていきたい。

視点1 社内調整とバランス感覚

全社的な視点での「目的の整理」「他部門との役割分担」

インターナルコミュニケーションは商品広報などの外部向けコミュニケーション（アウターコミュニケーション）とは異なり、その活動が売上拡大に直結するようなことはない。原則として活動領域は企業内部に限定され、アウターコミュニケーションほどリソースを投入できないのが一般的だ。それだけに社内リソースの投入を前提とした企画書を書く際には、社内での事前調整と全社的視点でのバランス感覚が重要となる。

そもそも「どういう必要があってこの施策を行うのか？」この点が明確でなければ、全社からの協力が必要であっても他部門から協力を得にくい。また、他部門（人事部、総務部など）が実施中の活動と内容が重なることも多い。「なぜ広報部門が行うのか」を明確にした上で、社内調整を行うことを前提にした企画にしなければならない。

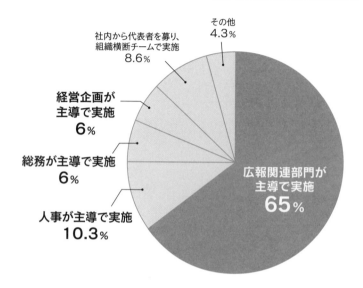

図3 他部門の活動との重なりが多いインターナルコミュニケーション

社内広報活動はどのような組織・体制のもと実行されていますか？

その他
4.3%

社内から代表者を募り、
組織横断チームで実施
8.6%

経営企画が
主導で実施
6%

総務が主導で実施
6%

人事が主導で実施
10.3%

広報関連部門が
主導で実施
65%

広報会議編集部調べ「企業の広報・PR活動に関する調査」より
（調査対象：115社の広報関連部門 調査期間：2022年11〜12月）

既存施策のブラッシュアップ

　自分が担当する前からある既存の施策をブラッシュアップする際に整理すべきことは、①現状の施策がどういう目的で行われてきたのか ②どういう問題が現時点であるのか ③どのように改善すると、どういう効果があるのかの3つだ。特に、②の「現状の課題」を整理するにあたり、先述のインターナルコミュニケーションを取り巻く企業環境の "大きな変化" について考慮したい。

| 図4　企業環境の変化に合わせた社内報の例 |

広報誌を冊子（紙）にして社員限定で配布

⬇ 雇用形態の多様化・グローバル化

- 社員以外の常勤スタッフへも広報誌を提供
- 海外支社の常勤スタッフにも提供するため多言語化

⬇ 人材の流動、リモートワークの導入

- 経営層からワンウェイでの情報伝達からインタラクティブな情報共有へ
- 冊子での月1回の発行から、オンラインでの隔週の更新に

具体的な目標設定

- 「どのくらい読まれたか」→既読率を指標とする
- 公開内容に「満足」は得られたか→コンテンツごとの人気の把握を行う
- コミュニケーションの「熱量」の調査→どのくらいインタラクティブな利用がなされたか（社員からの自主的なコメント、社員同士のやりとり、他部門との情報共有などコミュニケーションUUの増加）

最終目標の設定

「帰属意識（ロイヤルティ）向上」に貢献したか

計測の方法

年に数回のアンケート調査を全社で実施

過去の施策を否定しない

　インターナルコミュニケーション施策のブラッシュアップを行う上で気をつけたいのは、決して「過去の（既存の）施策」を否定しないことだ。商品広報や採用広報などとは異なり、内部向けコミュニケーション活動の多くは、活動のサイクルの"足が長い"ものが多く、一見今の時代の企業文化に合わないように思える施策も、長い年月をかけて多くの社内リソースが投入されてきたケースもある。

新しく部門を担当する責任者になった際、「何でこんなことを長年続けてきたのか?」と疑問に思い、一気にブラッシュアップ（改革）をしようとしたら、思わぬ落とし穴があったという場合もある。新たな企業カルチャーを構築していくことは重要な役割だが、安易な改革により軋轢を生まないよう、過去の経緯分析には細心の注意をしたい。例えば、全社員に配布している「社員手帳」を時代に合わないからという理由で廃止しようとしたが、創業者が在職中に"肝入り"で始めた施策だったと判明し、担当部門ではなく社長など役員以上が判断すべき案件だったと気づく、といったようなことが起こり得る。

上司の意図をヒアリング

　上司の指示で企画書を作成する際は、上司の意図をヒアリングし、本当の「施策目的」（実施の意図）を明確にすることから作業は始まる。
①なぜ「新たな施策」が必要だと上司は考えたのか?
②上司の「課題意識」は具体的にどういう点か?
③その「課題意識」に根拠はあるか? 思いつき（ひらめき）なのか?
を整理する。

図5　社長にヒアリングして企画を進める例

社長へのヒアリング

以前と違い「若い社員や常駐スタッフが、企業理念や経営ビジョンなどをよく理解していないのではないか」との問題提起がなされた

なぜ社長はそのように考えたのか? 客観的な調査と自ら検証を行う

●入社（転職）5年以内の社員が「企業理念」「経営ビジョン」を理解しているか? 可能であれば経年の変化を比較
●低下が事実であれば、それはなぜか?（社内報を読まないから? 読んでいるけれど理解が進まない? コミュニケーションの機会が減ったのか?）

> **「社内報」を見直すことで、本当に解決するのか?**
>
> 社内報の見直し、あるいは、その他のインターナルコミュニケーションとの比較・検討。課題は"そこ"なのか?

> **具体的な解決方法**
>
> ● 社内報のコンテンツの見直し
> ● 社内報の配布先・配布方法のデジタル化
> ● 社内報以外の解決策の検討

> **本当に効果はあるのか?**
>
> ● 仮説と検証
> ● 数値目標を設定できるか? 費用対効果を検討
> ● 実施内容の詳細（5W2Hなど）

合理性と非合理性の双方をマネジメントする

　インターナルコミュニケーションの立案上で苦労するのは「単に数値目標を達成すればいいわけではない」という点だ。理由は目指すべきゴールが「売上達成」など"数字"で分かる単一の目標ではないからだ。「企業カルチャー」という数値評価の難しい"ふわっ"とした無形の価値と直結する施策だけに、経営トップや創業者から直接の指示やアドバイスが入ることが多い。

　もっともトップダウンの指示が全て正しく効果的であるとは言えないが、全く無視してよいものでもない。一般的に社長や上司の多くは調査結果などのデータにもとづかない直感的な意見を言うこともある。ところが、創業オーナーや経営者の"直感"が、意外にもデータ結果よりも正しいことは現にある。決して上司の言葉を侮らず（鵜呑みにもせず）に、必ず検証してみることが重要だ。インターナルコミュニケーションの難しさは、合理性と非合理性の清濁併せ呑む必要がある点だ。

　だがよく考えると「企業カルチャー」というものは、創業時（創業者）

の熱い思いや理念が発端となり、長い年月を経ても変わらずに企業風土として定着し現在に続いている「結果」でもある。広報担当者は「合理性」と「非合理性」の双方をバランスよく考慮しうまくマネジメントしていくより他はない。

視点2 全社戦略に紐づけた立案のステップ

課題を発見し全社戦略と関連づける

　自ら新たな施策を企画する場合が実はもっとも企画の作成が難しい。課題発見を自ら行い、長期経営計画などの全社戦略と密接に関連させないといけないからだ。次の3つのステップで行っていく。

❶自社の現状を客観的に分析し課題を発見する。

❷中長期経営計画などの全社戦略と紐づける。

❸経営戦略とのスケジュール調整を行う。

図6　急成長するベンチャー企業でのインターナルコミュニケーション例

自社の現状

- ●創業以来、社員数が増え続ける
- ●経営は順調だが、最近は社員間の連携や、経営層と社員との交流が難しい
- ●さらに来年は全社員の15%に当たる人数の新入社員が入社予定

課題

- ●社員相互のコミュニケーションを活性化
- ●新卒と中途採用の社員を対象とした企業理念・経営ビジョンなどの理解促進
- ●若い社員の離職率が高まらないよう社員のロイヤルティ向上が欠かせない

中長期経営計画などの全社戦略と紐づけ

- 今後も社員数は増え続けるのか？ どのくらいのペースか？
- 採用ポリシーはどう変化するか？ どういうスペック（特徴）の社員が増えるのか？
- 全社的な業務システムERP（Enterprise Resources Planning）との連動メリット、デメリットの把握、社内での意思統一

企画の方向性の吟味

- 今後も増え続ける、社員間と、経営層と社員との最適なコミュニケーションの形を提案
- リアルとオンラインとの相乗効果
- 独自ツールの利用ではなく、社員目線で利用しやすいツールを選択

スケジュール調整

- 大まかな導入スケジュールを全社に共有
- 全社で導入予定のERPの開発段階から他部門（総務・情報システム・人事部）と協業

他部門と連携する

　インターナルコミュニケーションは、人事部門との連携が欠かせない。また、紙の社内報配布やリアルでの社内集会などから、オンラインを併用したコミュニケーションへの過渡期にある場合は、社内の情報システム部門との連携が欠かせない。こうした連携を行わず、広報部門が独自に、全社戦略から乖離した"ガラパゴス"な外部ツールの利用を導入しようとすると、開発・導入のコストがかさむばかりか、複数のツールを同時に社員が利用せざるを得なくなり、プロジェクトの失敗要因にもつながる。例えば、社内SNSの全社導入のため、外部ベンダーから見積りを得て、社内承認のため最終手続きに入ったところで経理担当の役員か

らストップが入り、営業部門で導入予定の営業管理ツールのカスタマイズでほぼ同じ機能が利用可能だと分かる、といったことが起こり得る。

インターナルコミュニケーションは古くて新しい、企業広報部門にとっての課題だ。古くからの課題意識は大きく変わらないが、昨今の社員の多様化、業務のデジタル化、オフィスのリモート化などが進む中で、デジタルツールの導入と双方向（インタラクティブ）化に時代は大きくシフトしている。だが全てのコミュニケーションをオンライン化してしまえばよいかというと、これは一概に正しいとは言えない。

あらゆる社内コミュニケーションのデジタル化を行った企業が、いくつかのトライアルと失敗を経験した後、新たに"アナログ"のインターナルコミュニケーションを開始したケースもある（例：社内運動会の実施、社員総会の開催）。デジタル化すべきコミュニケーションと、リアルとして残し併用していくコミュニケーションとの境界線をどこに引くべきか。これについては個々の「企業カルチャー」によるとしか言いようがない。この線引きの絶妙なバランス感が、今の広報部門には求められている。

視点3 社内の分断を解決する企画

社内分断への対応と期待される効果

働く人のライフスタイルの多様化に伴い「働き方への意識差」が取り沙汰されることが多くなった。加えてコロナ禍によるコミュニケーションの希薄化も重なり、「上司と部下の分断、社員同士の分断、部門間の分断、といった「社内の分断」に対する課題も目立つ。日本社会が生産年齢人口の減少に直面する中、企業はこうした変化に対応していく必要がある。ここからは社内の分断を解決する企画について考えていきたい。

広報部門は（主に社内コミュニケーション担当）、これらの分断に対し、

人事部門と並んで主導権をもって対応することが求められている。人事部門は主に採用活動や人事評価等の人事施策をリードする。一方の広報部門は「経営理念、経営ビジョンの社内共有」「部門間交流」など、主にコミュニケーション領域を担当するケースが多いからだ。

　分断を解消する社内コミュニケーションの効果として、単に社員のモチベーションが上がるだけでなく、離職率の低下や、新入社員の育成速度の向上など、様々な副次的な効果が期待される。最終的には、顧客満足度の向上、企業イメージの向上、新たに優秀な人材を採用しやすくなるなど、経営戦略にかかわる相乗効果が期待される。

上司と部下の分断を防ぐ企画

　上司にあたる方からの相談の多くは「自分たちが一生懸命に売上向上や社内改革に取り組んでも、社員の"やる気"がついてきていない」といったものだ。一方で、就職して間もない若い社員の方からは、社内で不足しているのは「業務上の連絡事項」ではなく、上司との「"マメな"コミュニケーション」だと聞く。リモートワークの機会が多くなると、気軽に上司にアドバイスを求めたり、業務上の分からないことを何度も繰り返し確認したりはしにくい。社内人脈が乏しい若い社員たちは一層の"孤立感"を抱いてしまう。

　まず必要なのは、上司（経営層）と部下が交流する機会を増やすこと。そして、仕事の意味を明確にすることだ。「査定（評価）」を目的とした面談は上司と部下との「交流」とはいえない。広報部門は「交流の場」づくりにこだわりたい。会話が"パーソナル"な悩みに踏み込む場合には、できるだけ「1on1」のミーティングが相応しい。ただし、1人の上司に直属の部下が100人いるような場合には「1on1」のミーティングは現実的ではない。全社的な取り組みとして広報部門が「上司と部下」によるコミュニケーション案を提案する際には、現場の状況に沿った形で行えるよう、ミーティング方法、時間、実施時期、期間、人数などについては現場に判断を委ねる方がうまくいくことが多い。

社内コミュニケーションツールも活用したい。例えば、広報部門が中心となって上司と部下との間で日常的に使用できるビジネスチャットを導入したことで、コミュニケーション上の課題が大きく改善したケースがある。件名や前書きが必要なメールと比較し、頻繁な意思疎通にはビジネスチャットが向いていたためだ。

　ツールの導入で気をつけたいのは、操作が複雑なものではなく誰もが簡単に使えるシンプルな方法であること。そして上司とのコミュニケーションを必要以上に強制しないことだ。デジタルツールの利用を得意としない人は年齢にかかわらず意外と多い。目的が「コミュニケーション」である以上、"デジタル"にこだわりすぎると本質を失いかねない。また利用する時間帯や休日の利用制限など一定のルールも設けておくとよい。

社員間の分断を防ぐ企画

　社員間の交流が不足すると、社員が自身の業務以外に注意を払うことが減り、仕事を続けていく上でのモチベーションが減少することが懸念される。そして、働くことへのモチベーションの低下は、時に「不正行為」や「コンプライアンス違反」を助長することにもなりかねない。さらには「顧客への対応」「取引先との付き合い方」が社員間で異なるなど、企業にとって重要な"一貫性"の欠如も問題となりうる。社員同士でさえ「企業理念」「経営ビジョン」といった企業にとって重要な"アイデンティティ"が共有されていないと、社外の人たちに自社や自社商品を「自分ごと」として感じてもらうことが難しいのは当然だ。

　反対に社員同士の交流が活発化している企業においては、商品開発や営業活動など様々な領域で"イノベーションの創出"が実現する可能性がある。入社したての新入社員でも上司や先輩社員と自由にアイデアを出し合い発言できる"風通しの良い"職場環境では、斬新で価値のある技術やプロモーション方法が提案される場合もある。結果として、これまで築き上げてきた企業文化がブラッシュアップされ、"ワンチーム"として社内の一体感は高まっていく。

　社員間コミュニケーションを重視する企業では、「自分たちにはどういう "存在意義" があるのか」「"なぜ" この仕事をしているのか」「他社との "違い" は何なのか?」など、自分たちが企業活動を続ける「目的」は何なのかについて、社員に定着させるための施策を日々実践している。これは一方的に上司が部下に伝えるだけではまったく意味がない。重要なのは社員一人ひとりの意識を変え、能動的に社員間コミュニケーションを取ってもらうことだ。

　そのためには、「課題抽出」「企画立案」「運用」「効果測定」のステップを踏んで考えていく。まずは「企業理念」が社員に浸透しているのか、といった定量調査や対面インタビューなどを行い現状を把握する。そして、自社の場合、どうすれば社員一人ひとりの意識を変えられるか、企画に落とし込んでいく。

図7　組織課題を解決するために行うことの例

- ●理念を実践しやすい組織風土づくり
- ●社員の自発性を引き出し、理念の実践を促進
- ●理念実践のモデル事例をつくる

課題解決のための重要ポイント

- ●共有すべき「企業理念」「経営ビジョン」の正しい解釈の確認
- ●自社の「企業文化」の正しい理解
- ●無理に大きく始めない。小さな「事例づくり」とその共有

　「企業理念」「企業文化」への理解促進と、「事例づくり」で、相乗効果を出していくことも考えたい。全ての工程を広報部門だけで実施することが難しい場合には、マネジメントする人を各部門内に定めるなどチームづくりを行う。そして、自発的、日常的に企業理念の実践を行えるようになったのか。こうした社員同士のコミュニケーションの現状について、個別インタビュー（定性）や定量調査を事後の検証として行う。

図8　具体的な施策の例

社員の士気／ロイヤルティを高める施策

- 経営トップの言葉（全体集会、朝礼）
- 社内報奨（年間報奨、月間報奨）
- 社内報
- リーフレット、ブランドブック、社史
- SNS（掲示板）
- 有料広告
- 動画（社員プロフィール、部署ごとの紹介）

社員の知識／理解を深める施策

- 研修・合宿
- イベント（社員運動会、懇親会）
- 福利厚生（自己啓発補助、社員向けインセンティブ）

部門間の分断を防ぐ企画

「他部署が何をやっているのか分からない」という状態を解消するためには、「ワークショップ」「社内報」「勉強会・座談会」などが活用できる。それぞれの企画のポイントを見ていこう。

　まず部門間交流を目的とした「社員向けワークショップ」だが、開催を発表すると、「なぜそんなことをしなくてはいけないのか?」「今自分の部署は忙しい!」といったネガティブな意見が出ることもある。だが「部門間連携の大切さ」という視点では、多くの社員が決して否定はしない。こういった時には"ネガティブ"を払拭する提案から優先して、広報部門が取り組んでいくよう勧めている。

図9　研修・ワークショップの例

企業ブランド向上のためのワークショップ

- 部門横断による社員の研修や仕事に関するワークショップを開催
- 社内コミュニケーションを活性化し社員のモチベーションを向上させる目的

"ネガティブ"払拭法

- 一方的な講義形式ではなく、全員参加型のワークショップ
- 「教える側」と「教わる側」の間に双方向性が生まれる。かかわりが薄かったメンバー同士に連帯感が生まれるきっかけになる
- そもそも「企業ブランド向上」は広報部門や一部の部署の課題ではなく「全社員」が果たすべき課題

SNS活用のためのワークショップ

- SNSの活用法について「やって良いこと」「悪いこと」を公式アカウントの運用と私的なSNS利用の両面から研修を行う
- 公式アカウントの運用については、支店・店舗等の担当者を中心に参加を呼びかける

"ネガティブ"払拭法

- 公式アカウントの運用については、社員同士の情報交換を重視
- 投稿内容の「トーン＆マナー」など担当者自身が最も悩むポイントに一貫性をもたせることを目的とする
- 社員によるSNSのプライベート利用については「ガバナンス」「コンプライアンス」の視点からガイドラインにもとづく情報共有を行う
- 法務部門、総務部門、人事部門などからも協力を得やすい内容で実施する

　次に「社内報」についても、ネガティブの払拭をしておきたい。社内報は社員間のコミュニケーションを促す上で重要なツールだが、長い間「コスト」として見なされる状態が続いてきた。最近は紙媒体ではなく、イントラネットやメルマガなどデジタル化されて費用も軽減可能なため「投資」として積極的に活用され始めている。「コスト」とされるのは「編集に手間がかかる」という点に集約される。

図10　社内報のネガティブ払拭法

- 開示情報に配慮の上、社員の顔、部署、仕事内容などが共有できるようデータベースとして活用できるようにする
- 執筆者が固定されないよう、テーマを決めた上で各部署の「持ち回り」で執筆するなどマンネリ化を防ぐ工夫を行う
- 社員があまり「知らなかったこと」など「知って得する」情報を織り交ぜる
- 定期的に社員からのフィードバックを得る機会を設けることで、内容が独善的にならないよう配慮する

「勉強会・座談会」については、人事部が主導で行う研修とは異なり、「交流」を目的とすることがポイントだ。一度に多くの社員が同時に参加できるオンラインの活用も検討したい。

図11　勉強会の例

リモート会議のファシリテーションの "コツ" 講座

- 元アナウンサーに登壇を依頼。「伝えるための技術」を中心に「すぐに役立つ」勉強会を定期的に開催

"ネガティブ"払拭法

- 勉強会の開始前、休憩中、終了後に「雑談」ができる時間を設けることで、一方的な "講義" にならないよう配慮する
- 少人数で実施することで、実際に「ファシリテーション」にチャレンジしてもらうなど社員参加、体験型のプログラムを用意する

第10章

広報活動のこれから
～人の心は物語で動く～

高広伯彦氏×本田哲也氏×
片岡英彦氏

今、広報に求められる物語の紡ぎ方

　SNSによって個人が語る「物語」が顕在化しやすくなりました。一方で企業の側もオウンドメディアの活用によってメッセージを発信するルートが増えています。パブリシティ獲得にとらわれない広報活動が一般的になる中で、今後、広報担当者は、どのように物語を紡ぎ、共感を獲得していけばいいのでしょうか。

　また、広報活動自体は、今後どのように変化していくのでしょうか。デジタル領域のマーケティングのプロであり研究者でもある高広伯彦さんと、社会的な文脈を企業コミュニケーションによって創造する広報のプロ、本田哲也さんと共に語り合いました。

　私たち3人は、人の心は物語で動くと考えている点では共通しています。鼎談では、この10年間の企業の広報活動の変化や、昨今関心が高まっている「ナラティブ」というキーワード、さらには、多様化する効果測定の考え方などに話が及びました。

高広伯彦氏

スケダチ 代表取締役／
社会構想大学院大学 特任教授

たかひろ・のりひこ　博報堂、電通、Google や外資系企業等にて広告／マーケティング／デジタル領域の事業に20年以上かかわる。2009年スケダチ創業。マーケティングや事業開発支援を行う。マーケティング戦略などを専門領域とする研究者。著書に『インバウンドマーケティング』など。京都大学博士（経営科学）

本田哲也氏

本田事務所 代表取締役／
PRストラテジスト

ほんだ・てつや　「世界でもっとも影響力のあるPRプロフェッショナル300人」に『PRWEEK』誌によって選出されたPR専門家。フライシュマン・ヒラード等を経て、2006年ブルーカレント・ジャパン設立、2019年より本田事務所 代表取締役。著書に『戦略PR』『ナラティブカンパニー』など。

1970年生まれの3人が10年ぶりに再会

片岡：私たち3人が集まって話すのは、2014年以来ですから10年ぶりになります。この10年、ご自身にどんなアップデートがあったのか、また広報・マーケティング関連の変化をどのように感じているのかについて聞かせてください。

本田：我々3人は同い年なんですよね。この10年を振り返ると前半はPR会社のブルーカレント・ジャパンの経営者をしていて、後半は独立して活動してきました。

　2019年に戦略立案に特化した本田事務所として独立してからは、社員を採用せずプロジェクト毎にチーム組成するやり方をとっています。経営者として社員数を増やし、仕事を最適配分していくことは良い経験になりましたが大変さもあります。今、ひとりのPRパーソンとして仕事をする中で、やっぱり自分はPRの仕事自体が好きなんだな、と再確認しています。

　2023年の夏からは、シンガポールと東京の2拠点活動を開始しました。仕事の依頼は次々といただくのですが、人生は長いですし、チャレンジをやめてはいけない、という思いが強くなったんです。もともと外資系グループのPR会社を経営していましたから、再びグローバルで仕事をしたいと考えてシンガポール法人をつくり、アジア全域に仕事の範囲を広げていこうとしています。

高広：仕事面ではこの10年間、大きな方向性は変えておらず、マーケティング、事業開発、コミュニケーションに関するコンサルティングをする、というのが基本的な部分で

す。ただ最近はベンチャーやスタートアップ企業へのアドバイスが増え、エンジェル投資家として起業して間もない企業に投資をするようにもなりました。

　一方で、アカデミックな軸としては、京都大学の大学院に入り、博士号をいただきました。あと、2018年からは社会構想大学院大学で社会人を対象に教えています。個人でもオンライン上でBtoBマーケティングに関する講座を開いていたりもするので、アカデミックな部分、教えるという部分が2、3割を占めるような時間の使い方をするようになりました。

片岡：僕は10年前にお会いした時、NPOの職員だったんです。東日本大震災を機に意識が変わり、フランスのパリに本部のあるNPO法人世界の医療団で震災復興のための広報支援をしていました。

　その後、2015年からは東北芸術工科大学で教鞭をとるようになりました。小山薫堂さんが創設した企画構想学科で、地域に密着した産学連携を行ったりしています。学生は卒業後、広告会社、PR会社、事業会社のマーケティング部門などに就職したりしています。一方で、僕は完全に独立したことがなくて。東京片岡英彦事務所では幅広い業種の企業案件を支援していますが、今も大学の職員です。2022年からは学科長もしています。

この10年、広報の移り変わり

片岡：広報領域を見渡してみて、コロナ禍をはさんだこの10年の変化をどう捉えていますか。

高広：マスメディアにアプローチして記事掲載を獲得する旧来の広報活動は、PESOモデルのフレームワークにおける、アーンドメディアの部分だと言われてきました。そこに、自分たちがメディアを運営するオウンドメディアが入ってきて、オーディエンスと直接つながることを考えるようになったという変化があります。

　これらは広報の活動ですが、その一方で「デジタルマーケティング」と言われている取り組みのほうが、どちらかというとデジタル時代の本質をまだつかんでない気がします。つまりメディアという第三者の力を借りてリーチしようとする考え方からまだ逃れきれていないように思います。例えば、一般ユーザーが生成したコンテンツのことを英語でUGC（User Generated Contents）と言いますが、日本では、CGM（Consumer Generated Media）と長らく呼ばれ、一つひとつをマイクロ "メディア" として扱う傾向にありました。

　その意味で言うと、広報担当者のほうが、メディアに取り上げられようとするだけでなく、デジタルのプラットフォームの活用によって、顧客や見込み客と自分たち企業が直接つながる構造をつくろうとしていて、デジタルの本質をつかんだ活動をしているように思います。

片岡：人と企業が直接つながりやすくなったという話は、10年前の鼎談の時から話題にしていましたね。検索やソーシャルメディアを通じて、人々に企業の情報を "見つけてもらう" という考え方を「インバウンドマーケティング」として高広さんは提唱されてきました。

高広：「インバウンドマーケティング」は検索から始まるマーケ

ティングだと考えられていますが、実際の起点は検索ではないんですよね。というのも、検索画面を前にした時、なぜ人は検索できるかというと、「キーワード」を入力できるから。その「キーワード」を思いつくのは、何らかのきっかけがあるからなんです。

　例えば何か生活で問題が起きたとか、広告を見て面白そうだと思ったとか、ソーシャルメディアで気になる投稿があったとか。頭の中でどのような文脈があって検索したいキーワードにたどり着いたのか、どんな情報源が起点となってもっと調べたいと思ったのかについては、インバウンドマーケティングにしろ、広報活動にしろ、もっと研究が必要な領域だと思います。実は、僕が博士論文で扱ったのも、このテーマでした。

本田：広報活動の場合は、ステークホルダー（利害関係者）という考え方がそもそもあって、本来は、それぞれ違うステークホルダーに対して異なるアプローチをすることが望ましいと概念的には分かっていたんです。だけどなかなか実現ができなかった。1990年代、2000年代は、戦術が限られていたんです。例えばBtoB企業だったら「専門誌に記事を出しましょう」とか、BtoC企業だったら「テレビの情報番組に出ましょう」ということになりがちでした。

　そこに、デジタライゼーションが起きて、オウンドメディアも含め、直接企業と人がつながるような戦術が増えました。ツールが普及するようになると、ステークホルダーに合わせて最適化したアプローチをしていこう、という気持ちも働きやすくなります。そのため広報従事者の仕事の質が上がってきた部分があると思います。

一方で、高広さんの言うところの、人が検索行動をするためにはどういう文脈があるのか、という議論は、ターゲティングやツールがどこまで進化したとしても、なくなりはしないのだと思います。毎日の生活の中で、僕らはぼやっとした広い情報に触れていて、セレンディピティ（偶発的な情報接触）も含めて関心事が出てくるのだと思います。ただ昔と違うのは、「みのもんたさんの番組に取り上げられると売れる」といった現象はつくりにくくなったということ。翌日スーパーで品切れ、というようなことがかつてはよくありました。

片岡：納豆が売り場からなくなったりしましたね。

本田：一時、そうした戦略PRのやり口は、広告との違いも分かりやすく、もてはやされたのですが、この10年で国民全員が「ワオ」となることが減ってきて、「この成分にみんな飛びつきます」といったことも起きにくくなり、多様化して細分化してきたかなと思います。

片岡：いわゆる「大きな物語」が減りすぎてしまったのかもしれません。かつては紅白歌合戦が視聴率80％を超えていた時代もありました。みんなが大きな共同幻想を抱いて、家族で大晦日にテレビを見て、というのは良い面もあったはずなんですよね。それが価値観の多様化が進み同調圧力も薄れてきました。

　　　時代が大きく移り変わったのが、2010年代。東日本大震災の後くらいかなと思います。多様性のある社会はすごく良いことなんですが、あれもこれも正しい、となって、過度に多様化が行きすぎると、いつまでも話がまと

まらないといったことが、学生たちの間では起きていま
す。

　例えば「ゼミ旅行の行き先は海外でもいいよ、台湾と
かはどうだい？」とキーワードまで言うとみんな調べら
れるんですよ。SNS上の情報をハッシュタグで検索して
いて、台湾スイーツとか屋台とか、地元の面白いところ
を探すのが得意なんです。でも「台湾でなくてもいいよ、
1週間で行ける国は、他にも色々あるよ」と言っても、関
心の幅が広がらなくて、自分と接点がなかった国や街に
ついては調べきれないことが多いんです。例えばフィリ
ピンならマニラは知っていても、その他の街や島につい
ては、そもそも観光で行くべきところとして情報がイン
プットされておらず、セレンディピティも起こりにくか
った、という経験があります。

　学生に限らず、情報の細分化と断絶は進んでいて、例
えば今年がどんな年だったかを振り返るにしても、その
年を代表するような言葉が見つけづらくなっていたりし
ます。みんな違う考えを持っていいのだけれど、広く薄
い情報だけだと、誰もが納得するような世論は形成され
にくくなっているように思います。

　10年前に鼎談した時、本田さんが、著書の『戦略PR』
の中で提唱されている、カジュアル世論（商品を売るた
めにつくり出したい空気）をつくっていくには、インバ
ウンドマーケティングが浸透したとしても、アウトバウ
ンドとしてのプッシュ型の広報活動は最後まで残ってい
くだろうと指摘されていたのが、今でも記憶に残ってい
ます。

パーパスは物語化できる

片岡：このところ企業がパーパスやストーリーといったものを大事にするようになったと感じています。長い間、企業コミュニケーションに関する議論というと、広告にいくら使うかとか、メディアミックスをどうするといった内容が中心でしたが、そこに広報的なアプローチとしてストーリー性を重視する風潮が高まりました。さらに今、ナラティブという考え方に注目が集まりつつあります。これらの言葉の整理を改めてお願いできますか。

本田：まずパーパスとは、企業の社会的存在意義のことです。社会においてなぜその企業が存在するのか、世の中の側に立って存在意義を説明しているものがパーパスという理解です。これまで、ミッション・ビジョン・バリューという考え方が浸透していたので、パーパスとミッションの差がつきにくいという話はよく聞きます。ミッションを、パーパスに近い内容に設定している企業もあるのですが、「わが社は市場シェア１位になります」というようなミッションは、パーパスとは言えません。

高広：パーパスとミッションの違いは、『キングダム』で説明すると分かりやすい。『キングダム』は中華統一を目指して（後の）始皇帝たちが近隣諸国と戦う話ですが、戦乱の無い平和な世をつくる（＝パーパス）ために、中華統一をしたい。そのためにわざわざ悲惨な戦いを行っている（＝ミッション）。これは極端な例ですが、社会をどう変えたいのか、社会にどう役立ちたいのか、というのがパーパスで、その実現のためにミッションがあるとすると、

ミッションが複数あってもおかしくないんです。

本田：どういう社会をつくりたいか、どういう世の中を良しとするか。それと自社の存在の関係性を言語化するのがパーパス。そのためにわが社は何をするのか、はミッション。そう整理ができますね。ただ現代企業の場合、『キングダム』のようにパーパスとミッションに矛盾があるとうまくいかなくなりますが。

　パーパスというのは企業にとって重要で、それを起点として物語化もできるんです。世の中の側から自社について語るものなので、多くの人から共鳴されるような物語になりますし、企業が事業に関して様々なストーリーを紡いでいく時の起点にもなり得ます。

ナラティブの当事者は誰か

片岡：学生から「広報活動ではストーリー性が大事なんですよね?」と聞かれた時の答えは "YES" です。でも「ストーリーってなんですか?」と言われた時の説明が難しい。というのも、多くの学生が思い浮かべるストーリーというと、ポカリスエットのCMのようなコンテンツなんです。ちょっと古い例ですが高校の朝礼中に校長先生が歌い出して、高校生役のタレントさんが学校を飛び出して走っていくような。でもそれは「広報活動でいうストーリーとかナラティブとは、ちょっと違うんだよ」と説明したいのですが。どう整理したらいいでしょうか。

本田：CMや小説、映画でも、そこでのストーリーには起承転結があって、そのフォーマットの中で完結しているんで

す。先ほどのCMの例は、ポカリスエットの素敵なストーリーであって、学生さんたちが毎日生活している中にある「自分たちの物語」とは相容れない場合もあるのではないかと思います。自分自身の物語というのは現在進行形で終わりがありません。この、自身の語りのほうをナラティブと呼んでいます。ストーリーとナラティブには互換性もあるのですが、ナラティブは自分と周りで編んでいく、共創性があります。

高広： ナラティブには当事者性のある語りという要素がありますね。アカデミックの世界でもナラティブというのは方法論としてあって、看護研究などではよく、「患者のナラティブ」という言葉が出てきます。例えば痛みについて、当事者である患者自身が感じている痛さと、医師が確認する痛みは中身が違う可能性があるというわけです。

　ここで整理しておきたいのは、ナラティブの当事者は誰なのか、ということです（次のページ図参照）。今広報の世界で言われているようなナラティブは、企業のナラティブと生活者のナラティブが混在しています。企業自身が自らのことを当事者として語るというナラティブもあれば、生活者のナラティブを引き出して明らかにしていくということもあります。

片岡： 企業がナラティブを重視する背景を振り返っておくと、受け手側の視点を入れたい、単純な告知広告だけでは若い世代に響かなくなってきたという流れがベースにあります。だから、顧客との親和性の高いストーリーが活用されるようになりました。ただストーリーといっても企業の押しつけではだめで、当事者によるナラティブが注

目されるようになりました。ここまでは理解できたとして、疑問が残るのは、生活者のナラティブを重視するということです。一人ひとりの視点にもとづいた主観的な物語なのですから、その情報は客観性に欠け、ブランド側の一貫性が失われるリスクもあるのではないでしょうか。

本田：そこそこが腕の見せどころで、企業のナラティブだけでも、生活者のナラティブだけでもだめなんです。企業のナラティブと生活者のナラティブの両方をカバーできるような話をつくってコミュニケーションをしないといけないわけです。だから僕らも、いろんな企業と試行錯誤しているわけですけれども、企業・生活者の両者で紡げる物語、Win-Winになるような文脈を見つけていきます。それは広報なのか広告なのか分かりませんが、コミュニケーションの仕事をしている人たちは、その文脈を開発する力が必要になっていくと思っています。

片岡：企業のナラティブと生活者のナラティブをリンクさせて、より大きな物語をつくっていくというわけですね。

高広：本田さんが携わっている味の素冷凍食品では、「餃子がフライパンに張り付いてしまう」という生活者の声を取り上げて、研究開発のためにフライパン3000個を回収してお礼の新聞広告も出していたけれど、これは、生活者のナラティブを企業コミュニケーションに使ったと整理すると分かりやすいですね。

図　パーパス、ストーリー、ナラティブの関係性

| ストーリー | ←必ずしも当事者によるものではない |

ナラティブ ＝当事者による**語り**（当事者性）＝当事者＋ストーリー

| 企業のナラティブ | 生活者のナラティブ |

パーパスにもとづいて
自社の事業について語る

パーパス＝社会的なものであるので、生活者のナラティブにもかかわる

パーパス ＝実現したい社会とそれを実現するための
現在の社会における自分たち（＝企業）の
役割・存在の大義名分

高広伯彦氏 作成

本田：もう一つ言うと、最近は従業員のナラティブというのも
あります。自分はなぜこの会社に入っていて、業務にど
んな意義を感じているかというところ。従業員もステー
クホルダーであり、企業の周囲には異なるナラティブが
点在しています。そこでやらなくてはいけないのは、い
かに求心力のある、顧客も含めたステークホルダーが納
得するような物語をつくれるか。そのチャレンジが続い
ています。

BtoB企業の広報の動き

片岡：BtoB企業からコーポレートブランディングの依頼が増
えてきているように思います。背景には、コロナ禍で従
業員の対面ミーティングが減って社内がまとまらなくな

ったとか、人手不足の問題で、採用したい人材がとれない、といったこともあるのではないでしょうか。一般的にBtoB企業は、これまで、あまりブランディングを重視してこなかったところがありますが、令和になって、ブランディングが大事だ、あるいは広報活動が大事だと気づき始めているように見えます。

高広：BtoB企業にとってブランディングが必要になるタイミングは、認知の段階以上に、顧客が最終的に購買決定する前の比較検討の段階です。例えば、Ａ社・Ｂ社・Ｃ社で比較検討がなされていて、機能的にはどれも優れている時、名前を聞いたことのないＡ社、現場は知っていても役員が認知していないＢ社は選ばれない、ということがあったりします。ＢtoＢは組織購買なので失敗を恐れるという部分が大きい。失敗を防ぐために、できるだけ知られた企業と仕事をするほうが、安心感があるわけです。ＢtoＢ企業におけるブランドは、BtoC以上に信頼・信用の面が非常に大きい。これがBtoB取引においてブランディングが必要な理由。

　そしてコーポレートブランドがもう一つ重要になってくる理由は、採用やインターナル（＝社員向け）にあります。そこには、片岡さんがおっしゃったように、採用における課題があります。知られていない会社よりは知られている会社のほうが新卒採用でも中途採用でも人材を獲得しやすい。

　ちなみにお盆とお正月はBtoB製造企業のＣＭが増えるんです。その理由は広告料金が安いというのもあるんですが、社員の帰省が増えるタイミングだからです。勤めている会社のCMが流れると家族も安心する。そうい

う発想で広告を出している企業は少なくありません。

　加えてあげるとすると、ビジネス構造の変化があります。日本におけるBtoBのビジネスはいわゆる紹介型のビジネスが多かったのですが、最近は新興BtoB企業が増えたり、あるいは既存のBtoB企業でも従来の取引とは違う新しい取引先を、大きな市場の中で、自ら能動的に探さないといけないステージに入ってきました。結果として、自社のことを知ってもらい見込み客を獲得するとか、営業した時に話を聞いてもらいやすくするように、広報や広告が使われるようになっている。これが私の見立てです。

本田：私の場合ブルーカレント時代は、9割がBtoC企業の仕事でした。一方で本田事務所になってから、その割合が逆転してBtoBからの相談を受けるほうが増えています。20年前、BtoBの広報活動と言えば、日経新聞に掲載されるかどうか、または日刊工業新聞や専門誌に出るか、といったところが主軸で、BtoCに比べて打ち手は限定的でしたが、今はBtoBのほうが工夫のしどころがあるし、面白いんじゃないかと感じています。フリーランス含めたＰＲ業の従事者も、BtoBを支援したいという人が増えている気がします。

片岡：伝統のあるＢtoＢの大企業はブランド資産がたくさんありますし、新しいＢtoＢ企業は、今の社会問題のニーズに即した事業をしているところもあって、話題にもなりやすくなりましたね。

効果測定の多様化

片岡：BtoBもBtoCも絡んでくる話ですが、効果測定が広報活動においても求められるようになってきました。これまで広告と違って、メディア掲載については不確実性もあると言われてきましたが、効果測定の方法は多様化してきているように思います。

　例えばユーチューバーに発注した施策の効果測定とマスメディアでの報道の効果測定について「費用対効果はどっちがいいの？」などと聞かれると、「ケースバイケース」としか答えられなかったりします。

　僕が効果測定について質問された時は、旧来の広告換算や、どの媒体に載った、という測定は「やらないよりはやったほうがいい」と答えます。一方で広報活動の目的、KGIが売上を上げたいのか、見込み客を増やしたいのか、ゴールが定まっていないと効果測定ができないので、まずは目的を決めてもらうように勧めています。

　忘れがちなのが、施策を実施するのであれば、施策を行う前と後で測定をしないと比較ができないという点です。何％上がったとか下がったとかを測定して「その差分を見ましょう」と話しています。例えば施策の後に店舗の売上が増えた、といったことは、因果関係までは分からなくても相関関係は測定できます。オンライン上のみのサービスに絞っていれば、デジタル上の広報活動とコンバージョンの関連性も分かりやすいですが、リアル・デジタル問わず事業をしていると、測定は悩みどころだったりします。

高広：細かいデータは取れるようになってきたとしても、片岡

さんが言う「目的を決めること」が重要なポイントだと思います。

　広報研究に出てくるフレームワークに、「インプット」「アウトプット」「アウトカム」の３つに分けるというモデルがあります。「インプット」は、施策そのものを指していて、それから得られる「アウトプット」、「アウトプット」から得られる「アウトカム」を測定するというものです。広報活動は、何を目的として実施するのかに関してはバラバラなので、何にでも役立つユニバーサルな効果測定手法というのは現実的ではない気がします。目的はバラバラだったとしても、このフレームは適用できると思うので、取材対応などのインプットの結果、メディア露出などのアウトプットがあって、その結果、認知度が上がったなどのアウトカムを見ていく。片岡さんが言うプレ調査とポスト調査の差分を見るということですね。インプットに対してアウトプットとアウトカムをちゃんとつなげて語れるかどうかが重要だと思います。

片岡：アウトプット、アウトカムのつながりと、そこに紐づくコストを見ていく必要がありますね。

高広：例えばBtoB企業が製造業における自社のブランド認知度、パーセプションを向上させるという目的があって、ターゲットを企業のエグゼクティブと現場の２つに設定するとします。大企業の年齢層の高いエグゼクティブへのリーチは、日経新聞を中心にしたメディアにアプローチする。現場へのインプットはデジタルで行う。新聞・デジタルそれぞれの測定手法でアウトプットを測ったとしても、アウトカムとしては製造業におけるエグゼクテ

ィブから現場まで自社のブランド認知度が深まった、と
してつなげて語ることはできます。測定ができていない
というより、何を成果とするか考えるフレームワークが
できていないのではないでしょうか。

　デジタルマーケティングにおいても、取れるデータは
多いけれど、差分を見ていなかったり、仮説を立てて検
証するためにデータを取りに行くといったことが抜け落
ちたりしているところがあるように思います。

本田：コミュニケーション効果測定・評価協会（AMEC）では、
「Integrated Evaluation Framework（統合型評価フレーム
ワーク）」を2016年に発表しています。特徴は、アウト
プット（実施活動による初期成果）、アウトテイク（どの
ように受け入れられたのか、ターゲットの反応やリアク
ション）、アウトカム（コミュニケーションがもたらした
影響）の3つの「アウト」で成果を整理するところです
が高広さんのお話とほぼ一緒。やっぱり効果測定をどう
するかという話は、何のためにやるんですか、という目
的設定と表裏一体。何を目的にするかを明確にして、合
意してから始める。自分の仕事ではここを大事にしてい
ます。

　効果測定を支援するツールもできているけど、テクノ
ロジーが進化したからといってKPIを放り込めばすぐに
成果が示せるというものではないと思っていて。目的設
定と広報活動がフィットしているかどうかの理解が大事
なのだと思います。

広報の仕事に就きたい人へ

片岡：就職活動をする学生を見ていると、広報の仕事には憧れ
要素があって、僕の周りでは広報の仕事をしたいという
学生が増えています。広告志望も減ってはいないんです。
ただ困る質問が「私は広告会社とPR会社、どっちが向い
ていますか？」という質問です。

　私がよく言うのは「社会人になって30年経つけれど、
私は今でも迷っている」とお茶を濁すか、「広告はお金の
間違いはするなよ、数字を間違うと大変。PR会社は時間
の間違いはするなよ、発売日を間違えたり、記者会見に
遅れると大変」という話だったりします。

本田：PR会社もお金は大事ですけどね。

片岡：これから広報の領域で働きたいという人たちに向けて、
アドバイスがあったらお願いします。

本田：これから一番いいのは、広告の仕事も広報の仕事も両方
分かることだと思います。広告か、広報かは、かつては
垣根があったけれど、今はだいぶ融合しています。また
PR会社のような支援側か、事業会社側かという区切りも
あると思うのですが、これも両方分かると良い。広告ま
わりとか、広告制作のことも分かって、広報の本質、ス
テークホルダーリレーションズについて全部分かってい
ると、これから有望な人材になる気がしています。転職
して渡り歩いてもいいぐらいです。

　あと、アドバイスとしては、グローバルなコンテンツ
に触れること。それこそテクノロジーによって、そこま

で英語力がなくても、英語で書かれている記事へのアクセスや、カンファレンスへの参加はしやすくなっています。活動を国内に閉じてほしくないですし、例えば今僕が向き合っている東南アジアだけ見ても、可能性の塊だと感じています。これからコミュニケーションの仕事を目指す人には、垣根を気にせず、グローバルなコミュニケーションスキルを身につけてほしいです。

高広：そもそも、なぜ広告と広報の2つに分けて考えたのかを学生さんに聞いてみたいところですが、この2つに関係する仕事は多くあります。例えば商品開発自体もコミュニケーションそのものだったりしますから、メーカーでもコミュニケーションの仕事はできます。

　　　ただいろんなPR会社や広告会社を見ていて思うのは、扱うコミュニケーション手段の種類でいえば、大手広告代理店は数が多い。多様なコミュニケーション手段に触れマーケティングに関する基本を理解したいなら勉強してスキルを磨く場として、広告代理店は良いと思います。一方で、コミュニケーションにフォーカスして、メディアや従来の広告手段にとらわれない企画をやってみたいのであれば広報の仕事を勧めますね。

片岡：ありがとうございました。（敬称略）

おわりに

　この本を手に取っていただいた皆さまへ、心からの感謝を申し上げます。本著『成果を出す 広報企画のつくり方』では、新米広報担当者からベテランのプロフェッショナルに至るまで、広報活動の理解とスキルの向上を目的として、具体的な戦略立案のノウハウを提供させていただきました。

　現代の広報活動は常に進化し、昔ながらのフリーパブリシティから、オウンドメディア、ESG経営の視点、生成AIの活用など、多岐にわたる戦略が求められています。本書はその現場のニーズに応えるべく、時代に即した戦略と具体的な手法を提示しております。私自身のメディア、広報部、マーケティング部での経験をもとに、現場感を重視しました。「こういうご相談をいただいた」「こういう解決方法をお勧めした」「こういう風に解決できた」といったエピソードを交え、広報企画の立案における実践的な視点を提供しています。

　特筆すべきは、第10章の鼎談部分で、広報業界の未来に対する展望を深く探求した内容です。様々な業界の先駆者たちとの対話から得た洞察は、広報活動の今後の方向性を見つめる参考となるでしょう。

　広報は、企業経営の一翼を担う重要な活動であり、単なる情報発信の域を超え、戦略的な経営課題の解決に直結しています。この書籍が、広報業務に従事する全ての方々の新たな発想と企画の創出の助けとなり、業界全体の発展に寄与することを願っております。読者一人ひとりが本書から何かを得て、広報活動に活かしていただけることが、私の最大の喜びであり、励みとなります。

　心より感謝いたします。

2023年12月
片岡英彦

ステートメント宣言。

岡本欣也 著

近年、企業やブランドのプレゼンテーション、インナープロジェクトのコンセプトの策定などで求められる「ステートメント」。コピーライターとして多くの広告を手がけてきた著者はその考え方はもちろん、これからのコピーライターに求められるものについて書き綴る。

■定価1980円（税込） ISBN 978-4-88335-517-4

なんだ、けっきょく最後は言葉じゃないか。

伊藤公一 著

人の気持ちを動かす言葉を編み出すには、不特定多数の人に言葉を届ける広告のコピーライティングの方法論がヒントになる。本書では著者が電通社内で行っていた「コピーゼミ」のテキストを活用し、相手に届くコピーを書く方法を解説する。

■定価1760円（税込） ISBN 978-4-88335-511-2

広報の仕掛け人たち
顧客の課題・社会課題の解決に挑むPRパーソン

日本パブリックリレーションズ協会 編

話題のクリエイティブの企画から実現までのPRに対する新しい提言、さらには危機管理への対応など、多様な側面を持つ11の事例を収録。社会を変えていくPRの戦略・アイデア・クリエイティブ術を紹介します。

■定価1980円（税込） ISBN 978-4-88335-501-3

言葉ダイエット
メール、企画書、就職活動が変わる最強の文章術

橋口幸生 著

なぜあなたの文章は読みづらいのか。理由は、ただひとつ。「書きすぎ」です。伝えたい内容をあれもこれも詰め込むことではなく、無駄な要素をそぎ落とす、「言葉ダイエット」をはじめましょう。すぐマネできる「文例」も多数収録。

■定価1650円（税込） ISBN 978-4-88335-480-1

オウンドメディア進化論

ステークホルダーを巻き込みファンをつくる！

平山高敏 著

BtoC、BtoB問わず、企業が注目するオウンドメディア。KIRIN公式noteの立ち上げの立役者である著者が「顧客との持続的なつながり」を生むオウンドメディアの可能性を説く。多くの人を巻き込み、共創する新時代・オウンドメディア運営の教科書。

■ 定価2200円（税込）　ISBN 978-4-88335-555-6

メディアを動かす広報術

松林薫 著

広報担当者は知っておきたい「記者の行動原理」。元・日経新聞記者である著者が、プレスリリースのつくり方から取材対応、リスク対応など広報全般にわたり、記者とのコミュニケーションの築き方、関係のつくり方からこれからの広報のあり方までを指南する。

■ 定価1980円（税込）　ISBN 978-4-88335-523-5

パーパス・ブランディング

「何をやるか？」ではなく、「なぜやるか？」から考える

齊藤三希子 著

国内外の有力企業が注目する「パーパス」について、注目される背景と日本企業が取り組む際のポイントを、ブランドコンサルティングの第一人者が記したパーパスブランディングの教科書。スターバックス コーヒー ジャパン・水口貴文社長のインタビューを収録。

■ 定価1980円（税込）　ISBN 978-4-88335-520-4

新 プレスリリース道場

井上岳久 著

厳選されたベストリリース事例37本を収録し、そこから学ぶべきポイントやノウハウを著者が解説。メディアに採用されるリリースの書き方を、実例を見ながら体得できる作りになっている。広報担当者がリリース作成をする際に必携の一冊。

■ 定価2090円（税込）　ISBN 978-4-88335-512-9

先読み広報術

1500人が学んだPRメソッド

長沼史宏 著

■定価2090円（税込）　ISBN 978-4-88335-571-6

プレスリリース作成や記者クラブへのアプローチといった、メディア対応の基本を押さえつつ、オウンドメディアやSNS、ChatGPTの活用までを網羅した、アップデート版「広報の教科書」。広報パーソンの悩みに答える30のQ&Aを収録。

なまえデザイン

そのネーミングでビジネスが動き出す

小藥元 著

■定価2200円（税込）　ISBN 978-4-88335-570-9

どんな「なまえ」をつけるかで、ステークホルダーとのコミュニケーションは大きく変わる。大ヒット商品「まるでこたつソックス」をはじめ、数々の商品・サービス・施設名を手がける人気コピーライターが「ネーミングの秘訣」とその思考プロセスを初公開！

ピープル・ファースト戦略

「商品」「企業」「従業員」三位一体ブランディング

矢野健一 著

■定価2000円（税込）　ISBN 978-4-88335-572-3

利益捻出と、従業員のモチベーション向上、企業はどちらを重視すべきか。本書は経営とマーケティングの双方を経験した著者が、商品だけでなく、従業員への投資を通して、企業全体の業績向上に貢献する実践論を解説します。

なぜウチより、あの店が知られているのか？

ちいさなお店のブランド学

嶋野裕介・尾上永晃 著

■定価1980円（税込）　ISBN 978-4-88335-569-3

多くの個人や企業がネットショップやSNSを通じてビジネスする時代に不可欠となっている「SNSで注目される・知られる」ための方法とは。「客観視」のやり方や、プロがSNS発信で使うさまざまな「技」について、広告プランナーでありSNSとPRのプロである著者2人が解説する。

片岡英彦　かたおか・ひでひこ

東京片岡英彦事務所 代表
企画家・コラムニスト・戦略PR事業

日本テレビを経て、アップルコンピュータのコミュニケーションマネージャー、日本マクドナルドマーケティングPR部長などを歴任。企業のマーケティング支援活動のほか、WOMマーケティング協議会（現クチコミマーケティング協会）発足時のガイドライン検討委員を務める。東北芸術工科大学 企画構想学科 学科長／教授。

成果を出す
広報企画のつくり方

発行日　2023年12月21日　初版　第一刷発行

著者　片岡英彦
発行者　東彦弥
発行所　株式会社宣伝会議
〒107-8550　東京都港区南青山3丁目11番13号
TEL03-3475-3010（代表）
https://www.sendenkaigi.com/

イラスト　岡田 丈
ブックデザイン　大悟法淳一、大山真葵、武田理沙
　　　　　　　　（ごぼうデザイン事務所）
印刷・製本　モリモト印刷株式会社

本書は『広報会議』の連載「広報担当者のための企画書のつくり方入門」を再編集し、加筆・修正をしたものです。